잘 쓰고
잘 읽고
잘 표현하는
아이로 키우는

세상 쉬운
그림책 문해력
수업

〈일러두기〉

이 책에 등장하는 아이들의 이름은 대부분 가명을 사용했습니다.

잘 쓰고 잘 읽고 잘 표현하는
아이로 키우는

세상 쉬운 그림책 문해력 수업

이윤영 지음

세상에서 가장 다정한 '그림책'으로 세상에서 가장 쉽게 아이의 문해력 수업을 시작해보려고 합니다

아이들의 문해력에 빨간불이 켜지고 있습니다. 전 세계에서 초등 어린이들의 문해력만큼은 그 어느 나라에도 뒤지지 않았는데 말입니다. 전국 초중고 교사들을 대상으로 한 조사에서 학생들의 문해력을 100점 만점으로 봤을 때 교사의 37.9%가 아이들의 문해력을 70점대라고 밝혔고, 35.1%가 60점대라고 답했습니다. 현장에서 직접 아이들과 생활하는 교사들은 날로 심각해지는 아이들의 '문해력 수준저하'를 이야기합니다. 각종 언론에서도 아이들의 문해력 심각성을 연일 보도합니다. 학교생활뿐만 아니라 실제 일상생활에서 부족한 문해력으로 어려움을 겪는 아이들이 속출하고 있습니다. 남의 집 이야기로만 여겼던 일들이 우리 집에서 벌어지니 부모님들의 마음은 복잡해져만 가고 있습니다. 문해력 교육, 어디서부터 어떻게 시작해야 할지 난감합니다. 문해력의 심각성만 대두될 뿐 그 어떤 곳에서도 구체적으로 어떻게 해야 할지 알려주지 않습니다. 막연하게 책을 많이 읽어야 한다. 글을 매일 써야 한다는 말뿐입니다. 하지만 책을 읽혀도 잘 읽고 있는지, 글을 쓰게 해봐도 잘 쓰고 있는지 확인이 어렵습니다. 우왕좌왕하다 보니 아이는 어느새 한 학년이 올라가 있습니다. 대체 문해력 교육은 어떻게 해야 하는 걸까요?

문해력을 기르기 위해서는 무엇보다 잘 읽어야 하고, 읽은 내용을 잘 이해해야 하며, 이를 토대로 내 생각과 감정을 잘 정리해서 표현해야 합니다. 그래서 문해력에는 독해력, 이해력, 표현력, 공감력, 묘사력, 논리력, 유창성, 정확성 등등 다양한 요소들이 포함되어 있습니다. 이 요소들이 잘 결합해야 문해력은 조금씩 향상됩니다. 그러니 문해력을 기른다는 것은 정말 오랜 시간이 걸리고 대단히 복잡한 과정이 아닐 수 없습니다. 물론 금방 눈에 보이는 성과나 결과를 만나기도 어렵습니다. 그렇다면 이대로 아이의 문해력을 포기해야 하나라고 망설여보지만 유·초등 시기에 가장 중요한 것이 문해력 습득이라는 말에 다시 한번 마음을 고쳐먹어 봅니다.

15년간 전국의 초중고와 대학교, 기업, 교육청, 도서관에서 읽고 쓰고 표현하는 것에 대해 강의하고 있습니다. 글쓰기로 시작된 강의는 어느새 읽기로 이어졌고, 문해력으로 번졌습니다. 강의를 듣고 실천하는 분들은 매번 이야기합니다. 좀 더 일찍 이런 교육을 받았다면 아이들은 물론 성인인 자신들에게도 무척 도움이 되었을 것이라고요. 저도 매번 느낍니다. 좀 더 일찍 사람들이 문해력의 중요성에 대해 깨달았으면 어땠을까라고요. 그랬다면 좀 더 쉽게 읽고 쓰고 표현하고 소통하는 삶을 살게 되었을 테니까요. 하지만 아직 늦지 않았습니다. 늦었다고 생각할 때가 가장 빠른 때라는 '뻔한' 문장을 또 한번 믿어보세요.

저는 우리의 삶에서 가장 중요한 문해력 교육을 '그림책'으로 시작해보려고 합니다. 한 사람이 세상에 태어나 제일 먼저 접하게 되는 책은 '그림책'입니다. 엄밀히 말하면 세상에 태어나기 전부터 우리는 그림책을 만나게 됩니다. 뱃속에 아이가 있을 때부터 설레는 마음으로 그림책을 읽어주었고, 태어난 후에도 우리는 연일 아이의 꼬물거리는 손과 발을 만지며 그림책을 한 장 한 장 넘기며 읽어주었습니다.

그림책은 다정합니다. 어려운 단어도 없고, 애매모호한 문장도 거의 없습니다. 설사 그런 표현이 있다 하더라도 그림이 그 자리를 잘

메꿔줍니다. 물론 글도 그림이 채우지 못한 빈자리를 잘 채워줍니다. 글을 잘 몰라도, 그림을 잘 몰라도 '그림책'만은 충분히 읽을 수 있습니다. 글 읽기를 부담스러워하는 아이에게 그림책만큼 다정한 책은 없습니다.

그림책은 아름답습니다. 아름다운 것만큼 사람을 미혹시키는 것은 없습니다. 그림책은 문학작품이자 예술품입니다. 완성도 높은 글과 그림이 함께 어우러져 보는 것만으로도 예술품을 감상하는 셈이 됩니다. 리듬감 있고 절제된 글, 독특한 아이디어와 상상을 초월하는 그림은 아이들의 예술적인 안목을 높이고, 무한한 상상력과 창의력을 향상시키는 것에도 한몫 단단히 합니다.

그림책은 안전합니다. 아이들은 많은 경험을 하며 때로는 아파하기도 하고, 슬퍼하기도 합니다. 하지만 바쁜 일과로 인해 아이들의 여러 경험과 가감 없는 감정을 솔직하게 드러내고 표현할 만한 안전한 공간이 딱히 없습니다. 그림책은 그 어떤 공간보다 아이들이 자유롭게 자신의 생각과 감정을 표현할 수 있는 안전한 공간입니다. 그림책에 등장하는 다양한 인물들과 섬세한 이야기는 아이들이 정서적인 안정을 취하고 표현할 수 있는 공간을 마련해 줍니다.

무엇보다 그림책은 쉽고 만만합니다. 글과 멋진 그림이 어우러진 그림책은 거두절미하고 쉽습니다. 0세부터 100세까지 누구나 읽을 수 있고, 누구나 이야기할 수 있습니다. 그래서 만만합니다. 아무리 좋은 것이라도 오래 지속할 수 없다면 좋은 성과를 얻을 수 없습니다. 특히 독서습관이 기반이 되는 문해력 교육은 '지속성'이 가장 중요한 지침입니다. 쉽고 만만해야 오래할 수 있습니다. 게다가 활용도는 그 어떤 장르의 책보다 높습니다. 이렇게 좋은 '그림책'과 함께 아이들의 문해력 수업을 시작해봅니다.

이 책에서는 그림책을 가지고 부모나 교사, 주양육자가 충분히 쉽고 재미있게 아이들의 문해력 교육을 할 수 있는 방법들을 자세히 담았습니다. 1장에서는 문해력 교육에 앞서 반드시 하셔야 할 '내 아이 파악하기'를 담았습니다. 문해력 교육의 시작은 내 아이를 제대로 아는 것입니다. 어떻게 어떤 부분을 알아야 하는지 하나하나 차근히 담았습니다. 2장과 3장에서는 왜 그림책으로 문해력 교육을 시작해야 하며 왜 부모표로 이것을 해야 하는지 그 이유와 숙지해야 할 사항들을 담아냈습니다. 4장에서는 지속가능한 독서습관을 유지하기 위해 가정 내에서 꼭 해야 할 것들을 수록했습니다. 마지막 5장에서는 22권의 그림책을 실제로 어떻게 읽어주고, 어떤 질문을 해야 하며 어떤 독후활동을 통해 아이의 문해력을 향상시킬 수 있을지 '세상에서 가장 쉽고 단단하게' 담아냈습니다.

 이 책이 만들어지기까지 전국의 많은 학교와 교육청, 기업, 도서관, 기관, 온라인 클래스 및 저의 문해력 교실에서 기꺼이 세상 쉬운 문해력 수업에 동참해주고 계신 많은 학부모님과 선생님들 그리고 무엇보다 이 수업을 재미있게 하고 있는 친구들이 있었습니다. 그분들이 있었기에 세상 쉬운 문해력을 세상에 모든 분들께 알릴 수 있게 되었습니다. 무한한 감사와 격한 '추앙'을 드립니다.

2022년 겨울
작가, 문해력 연구가 이윤영

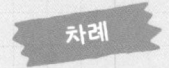

프롤로그 세상에서 가장 다정한 '그림책'으로
        세상에서 가장 쉽게 아이의 문해력 수업을
        시작해보려고 합니다   ... 4

1장. 문해력 키우기, 내 아이를 파악하는 것이 먼저다

읽지만 이해하지 못해요   ... 17
스스로 생각하지 못해요   ... 21
배움이 느려 자존감마저 떨어졌어요   ... 26
타인과의 공감과 소통이 힘들어요   ... 28
상상력과 창의력이 부족해요   ... 32
글의 맥락을 파악하지 못해 엉뚱한 말을 해요   ... 34
> 엄마들이 가장 궁금해하는 문해력 질문   ... 38

2장. 아이의 첫 책, 그림책만큼 좋은 교재는 없다

한글을 몰라도 읽을 수 있는 책, 그림책   ... 43
누구도 대신할 수 없는 아이의 마음 읽기   ... 45
> 엄마들이 가장 궁금해하는 문해력 키우는 그림책 독서법   ... 50

3장. 아이의 읽기를 가로막는 장애물, 부모가 함께 넘어라

꼭 부모표여야 하나요?
    ㄴ 문해력은 부모와의 교감을 통해 성장합니다 ... 57
책이라면 무조건 싫어해요
    ㄴ 책 속에 숨어 있는 아이의 관심사를 찾으세요 ... 63
책을 너무 빨리 읽어요
    ㄴ 눈이 아닌 소리 내어 읽게 하세요 ... 66
내용을 기억하지 못해요
    ㄴ 독서 후 간단하게 한 줄 기록을 쓰게 하세요 ... 68
그림책은 시시하대요
    ㄴ 강요 대신 선택지를 만들어주세요 ... 71
줄거리는 말하지만 감상은 말하지 못해요
    ㄴ 독서 후 생각을 정리할 시간을 주세요 ... 74
쉬운 책만 읽으려고 해요
    ㄴ 부모와 함께 읽는 시간을 가져주세요 ... 77

4장. 지속가능한 책 읽기를 위한 독서습관을 만들어라

책 읽기 습관은 시간표 만들기부터 ... 83
독서로 공부 로직 익히기 ... 87
눈물의 도서관 셔틀 끝내기 ... 90
독서에 대한 좋은 기억 쌓기 ... 93
방학 필독서, 교과서 수록·연계 도서로 다음 학기 예습하기 ... 99

5장 실전, 그림책 문해력 수업

그림책 문해력 수업은 이렇게 진행됩니다 ... 103

공감능력을 키우는 그림책 문해력 수업

1강 내가 진짜 하고 싶은 말은요… ... 107
『혼나지 않게 해 주세요』| 어휘력은 문해력의 기초

2강 다시 만날 때까지 우리 신나게 놀자 ... 115
『우리는 언제나 다시 만나』| 책을 읽으며 구체적으로 상상하기

3강 부정적인 감정도 내 감정이에요 ... 121
『화가 나는 건 당연해!』| 감정을 표현하는 다양한 단어 익히기

4강 미워하는 감정은 나를 더 힘들게 해요 ... 130
『미움』| 만약 나라면, 주인공의 입장에서 감정 정리해보기

5강 어른들도 울고 싶을 때가 있단다 ... 137
『사자도 가끔은…』| 관찰력은 문해력의 핵심

6강 마음의 박자는 서로 다를 수 있어요 ... 143
『안녕, 펭귄?』| 입장을 바꿔보면 타인의 감정이 읽혀요

7강 마음을 표현하는 방법도 배워야 해요 ... 149
『내 마음 ㅅㅅㅎ』| 한글 교육 언제부터 시작해야 할까요?

자기표현력을 키우는 그림책 문해력 수업

8강 생활습관을 잡아주는 든든한 그림책 ... 156
『목욕 중』| 의성어와 의태어를 자연스럽게 익혀요

9강 나와 내 주변의 관계에 대해서 생각해요 ... 162
『할머니 주름살이 좋아요』| 비유로 표현하는 법을 익혀요

10강 보이는 것이 전부는 아냐 ... 168
『집 안에 무슨 일이?』| 생각하는 힘을 키워요

11강 이상하고 재미있는 우리 할머니 ... 174
『따르릉 할머니, 어디 가세요?』 | 경험은 가장 좋은 문해력 수업
12강 엄마, 아빠에 대해 궁금해요 ... 179
『엄마 아빠의 작은 비밀』 | 좋은 질문의 힘
13강 지구는 우리가 지켜야지요 ... 186
『할머니의 용궁 여행』 | 이야기를 읽고 자신만의 생각을 표현해봐요

자기주도성을 키우는 그림책 문해력 수업

14강 키가 크다는 것 ... 193
『내 키가 더 커!』 | 생각 씨앗을 키우는 '왜'라는 질문
15강 엄마에게 무슨 일이! ... 200
『돼지책』 | 작은 성취감 키우기
16강 느린 것 뿐입니다 ... 208
『나는 강물처럼 말해요』 | 낯선 문장을 만났을 때 어떻게 읽을까?
17강 함께 걷는다는 것 ... 215
『다녀왔습니다』 | 관련 자료를 찾아서 함께 읽기
18강 긍정이라는 소중한 감정 ... 221
『리디아의 정원』 | 독자가 있는 글쓰기는 최고의 문해력 키우기
19강 하루에 한 번 아이가 마음을 뺏기는 것은 무엇인가요? ... 229
『별을 보는 아이』 | 문해력은 자신을 알아가는 생애 첫 걸음,
자기주도성 키우기 ①
20강 좋아하는 일에 대하여 ... 234
『행복한 청소부』 | 좋아하는 분야 찾기
자기주도성의 키우기 ②
21강 마음이 힘든 것이 가장 큰 어려움입니다 ... 240
『여섯 개의 점』 | 공동체 의식 형성 및 인성 교육
22강 아무리 좋은 사이라도 적당한 거리가 필요해요 ... 245
『곰씨의 의자』 | 어려운 관념어 익히기

에필로그   아이의 문해력은 부모와의 소통으로 완성됩니다   ... 252

1장

문해력 키우기, 내 아이를 파악하는 것이 먼저다

읽지만
이해하지 못해요

이게 무슨 말이에요?

초등학교 6학년 아들을 둔 세호 엄마는 걱정이 가득합니다. 얼마 전 수학학원에서 선생님으로부터 전화가 왔는데, 세호가 서술형 문제에서 구하라는 것이 아닌 엉뚱한 것을 구해서 답을 자꾸 틀린다는 것이었습니다. 아이가 문장의 전체적인 의미를 이해하지 못하는 것 같다고 하면서 더 늦기 전에 문해력을 체크해보는 게 어떠냐는 말을 전했습니다.

세호 엄마는 당장 논술학원을 찾았습니다. 간단한 문해력 테스트를 마친 세호의 문해력은 초등학교 3학년 수준으로 나타났습니다. 특히 문장 안에서 단어의 의미를 제대로 파악하지 못해 문장에서 말하고자 하는 주제나 중심 문장을 찾는 것이 상당히 미숙하다는 결과가 나왔습니다. 독서량이 다소 부족하다고 생각은 했지만, 일상생활에서 큰 어려움이 없었고, 학교에서 배우는 과목별 수업에서도 큰 문제가 없었기에 세호의 문해력에 대해서는 의심한 적이 없었던 터라 엄마는 많이 당황스러웠습니다.

책을 놓고 스마트폰을 쥐는 순간 멀어지는 문해력

초등학교 고학년 이상의 아이를 둔 부모가 아이의 문해력 수준을 파악하기란 쉽지 않습니다. 대개 초등학교에 입학한 후 어느 정도 한글을 익히게 되면 엄마는 '읽기 독립'이라는 이름 아래 아이의 책 읽기에서 한 발짝 물러납니다. 이제 부모의 역할은 읽고 싶다는 책을 사주거나 도서관에서 빌려다 주는 일이 전부가 되죠.

책을 읽어주는 일 외에도 학원 등하원부터 각종 숙제 확인까지 부모가 해야 할 일은 너무나도 많습니다. 그러다 문득 아이가 책을 읽고 있으면 제대로 읽고 있는 건가 의구심이 들기도 합니다. 하지만 곧잘 소리 내서 읽기도 하고, 슬쩍 책 내용을 물어보면 짧게라도 자신의 생각을 이야기하는 것을 보며 아주 만족스럽지는 않지만 그래도 모국어니까 언젠가는 잘하겠지라며 마음을 내려놓습니다. 가끔 아이가 모르는 단어를 물어보면 "그것도 몰라?" 하며 작은 핀잔을 주기도 하지만, 쉬운 말로 풀어서 뜻을 알려주고, 그래도 이해가 안 되는 단어는 사전을 찾아보라고도 일러둡니다.

세호도 그랬습니다. 하지만 스마트폰을 손에 쥐는 순간 다른 아이처럼 변했죠. 그나마 몇 권 읽던 책도 읽지 않고 한 달에 적어도 한 번은 함께 갔던 도서관마저 귀찮다고 따라나서지 않았습니다. 그렇게 세호는 점점 책과 멀어지게 되었습니다.

이 단어 뜻이 어려운가요?

얼마 전 한 초등학교에서 진행한 교사들을 위한 글쓰기 지도법 연수에서 한 선생님께서 조심스럽게 말을 거셨습니다. 그녀는 아이들이 자기 학년의 교과서에 수록된 어휘를 이해하지 못해 수업에 많은 어려움이 있다고 말했습니다.

"아주 기초적인 단어의 뜻조차 몰라 하나하나 단어의 뜻을 알려주고, 또 문장 속에서의 의미까지 설명하다 보면 어느새 정말 중요한 수업 내용은 쉬는 시간이 임박해서야 시작하게 되죠. 아이들의 문해력이 점점 심각해지는 것 같아 진짜 걱정이에요."

2021년 경제협력개발기구(OECD)의 국제학업성취도 평가에서 우리나라 학생들의 '읽기 영역 학업 성취도'가 좋지 못한 수준으로 떨어졌고, 특히 복합적 텍스트 읽기는 매우 어려움을 겪는 것으로 나타났습니다. 또한 필요한 정보를 찾아 문장의 의미를 그대로 이해하는 단순한 문해력은 대상 국가 중에서 가장 큰 하락폭을 보였습니다. 그리고 중학교 3학년 학생 중, '국어 기초 학력' 미달 학생은 2019년 4.1%에서 2020년 6.4%로 증가했고, '보통 학력' 이상 학생은 같은 기간 82.9%에서 75.4%로 낮아졌습니다.

말 그대로 '눈으로는 읽고 있지만 읽을 수 없는' 아이들이 급증하고 있습니다. 유네스코의 정의에 따르면 문해력은 다양한 내용에 대한 글을 이해하고, 해석하며, 창작하는 힘입니다. 즉, 문해력은 읽기, 쓰기, 듣기 능력뿐만 아니라 의미 유추하기, 논리적으로 사고하기, 상상하기, 자신의 생각과 느낌을 드러내는 표현하기까지 전 영역을 포함하는 능력입니다.

아이가 지금 글을 잘 읽고 있다고 해서 문해력이 잘 이루어지고 있다고 여기면 큰 오산입니다. 지금 내 아이가 '글'이 아닌 '글자'만 읽고 있는 것은 아닌지 잘 살펴보아야 합니다.

스스로
생각하지 못해요

일기는 죄가 없어요

　글을 읽고 그것을 이해하고 표현하는 과정, 즉 문해력이 중요한 이유는 그 과정이 생각을 키우는 과정과 같기 때문입니다. 글쓰기 수업을 하다 보면 안타까운 일이 종종 벌어집니다. 글감도 좋고, 경험이나 에피소드에 대한 묘사나 설명도 잘했는데 글에서 말하고자 하는 주제, 글쓴이가 글을 통해서 전달하고자 하는 생각이 드러나지 않아 글이 일기에만 머무는 경우입니다.

　한 초등학교에서 만난 4학년 라엘이는 '일기'를 참 잘 쓰는 아이였습니다. 라엘이는 저를 보자마자 몇 년간 쓴 일기장을 보여주며 작가가 꿈이라고 말했습니다.

"1학년 때부터 쭉 써왔어요. 근데 계속 일기만 쓰다 보니 글이 매번 비슷해요. 여름방학이면 '워터파크 가서 재미있게 놀았다', 겨울방학이면 '스케이트장 가서 재미있게 놀았다' 이런 말들만 쓰는 것 같아요. 주장하는 글이나 설명문 같은 글도 잘 쓰고 싶은데 어떻게 하면 좋을까요?"

이런 기특한 친구가 있다니 질문을 떠나서 어느 집 딸인지 몹시 부러운 마음마저 들었습니다.

일기는 결코 나쁜 글이 아닙니다. 일기는 자신의 일상을 정리하고 되돌아보는 아주 중요한 글감이자 장르입니다. 일기 쓰기를 통해 글쓰기의 습관을 만드는 것은 아이들에게 글쓰기를 시작하게 하는 좋은 방법 중 하나입니다. 경험에 근거한 글쓰기는 아이들이 쉽게 도전할 수 있는 글이니까요.

하지만 평범한 일상을 사는 우리에게 '일상을 담는 일기'는 반복적인 일과를 나열하는 글쓰기에 그칠 수 있습니다. 학부모 교육이나 교사 연수에서 자주 받는 질문 중 하나가 "아이들의 글을 '일기 같은 글'에서 벗어나게 해주기 위해서는 어떻게 해야 할까요?"입니다.

'일기'는 죄가 없는데, 어느 틈엔가 우리는 '일기'를 조금은 폄하하게 된 것 같습니다. 이유는 무엇일까요? 바로 '일기 같은 글'에는 글을 쓴 사람의 생각이 담겨 있지 않기 때문입니다.

사고력 학원보다 효과 좋은 일지 쓰기

생각을 잘 하기 위해서는 어떻게 해야 할까요? 아이의 사고력을 키워주어야 합니다. 사고력 하니 벌써 동네 '사고력 수학학원'을 검색하고 계신 건 아니죠? 사고력은 스스로 생각하는 능력을 말합니다. 스스로 생각을 하게 하기 위해서는 단순하게 자신의 일상을 기록하는 일기보다는 한 가지 주제를 정해서 꾸준히 쓰는 '일지'를 권합니다.

저는 라엘이에게 일기보다는 일지를 써보라고 권했습니다. 자신이 좋아하는 분야를 몇 가지 정해서 규칙적으로 써보는 것이지요. 읽었던 책을 기록하는 독서 일지, 식물을 키우며 변화 과정을 관찰하는 식물 일지 같은 것 말입니다. 마침 피아노 학원을 다닌다는 라엘이에게 피아노 연주 일지를 적어보라고 권했습니다.

글은 자신의 생각을 담는 표현도구입니다. 생각은 한 가지 사물이나 대상을 꾸준히 관찰하면 좀 더 명확하고 선명해집니다. 체르니 100번을 치던 아이가 체르니 30번으로 진입하면서 그 감격과 기쁨이 담긴 글을 쓸 수도 있고, 그날 배운 태권도 품새를 통해서 자신의 생각을 펼칠 수도 있습니다. 같은 일상을 담은 글이지만 '일기'로 접근하는 방식과 '일지'로 접근하는 방식은 다릅니다. 더불어 각 테마별 노트를 따로 마련해서 쓰다 보면 지난주에 썼던 일지와 이번 주 일지를 비교하면서 자신의 생각을 좀 더 확장시킬 수도 있습니다.

피아노 일지 쓰기 제안에 라엘이는 환하게 웃으며 해보겠다고 말했습니다. 마지막에 그 날의 일지를 쓰면서 든 생각을 짧게 한 줄이라도 정리해보라는 말도 잊지 않았습니다. 얼마 후 라엘이는 자신이 쓴 피아노 일지를 보여주며 저에게 자랑을 했습니다.

"작가님, 일지를 쓰니까 제가 무엇을 하고 있는지 잘 보이고, 생각이 정말 많아졌어요. 그리고 무엇보다 피아노가 전보다 더 재미있어졌어요."

일지를 자신의 생각을 펼치는 도구로 활용해보세요. 아이가 현재 자주하고 있는 활동을 일지로 기록하면서 자신의 생각을 다방면으로 펼칠 수 있도록 해주는 것, 사고력을 높이는 가장 좋은 방법입니다.

일기 vs 일지

라엘이의 일기

나는 오늘 피아노 학원에 갔다가 아이들과 놀이터에서 좀 놀고, 집에 와서 저녁을 먹고 숙제를 조금 하다가 잠이 들었다.

라엘이의 피아노 일지

* 매주 수요일 작성

날짜	2022. 10. 5
제목	체르니 시작
내용	오늘은 바이엘을 마치고 드디어 체르니를 치게 된 날이다. 너무 기쁘고 감격스럽다. 얼마 전 뉴스에서 임윤찬이라는 오빠가 피아노를 연주하는 모습을 봤다. 체르니를 열심히 쳐서 얼른 그 오빠처럼 멋지고 어려운 곡을 연주하고 싶다. 집에서도 매일 연습을 할 계획이다. 그동안은 집에서 연습을 많이 안 했는데 임윤찬 오빠의 인터뷰를 봤더니 연습을 엄청나게 많이 한다고 한다. 조금 부끄러웠다. 체르니는 바이엘에 비해 많이 어렵고 곡도 길다. 손가락을 쫙쫙 펴서 쳐야 하는 곳도 많다. 치고 나면 손이 얼얼하지만 뿌듯하다.
오늘의 생각	연습은 힘들지만 매일하면 점점 연주실력이 느는 것이 느껴진다.

배움이 느려
자존감마저 떨어졌어요

거두절미하고 문해력이 이렇게 중요하게 대두된 것은 문해력이 '학습'에 지대한 영향을 주기 때문입니다. 문해력은 글을 읽고 그 의미를 이해하고 해석하고 표현하는 힘입니다. 이 과정을 잘 살펴보면 무언가를 배우는 학습의 과정과 일치합니다.

아이들은 학교에서 교과서 속 문자를 읽고 이해하며 새로운 내용을 학습합니다. 읽고 이해하고 표현하는 문해력이 중요할 수밖에 없죠. 이때 문해력이 낮다면 어떻게 될까요? 문자를 읽는 능력이 떨어지니 학습내용을 충분히 이해하지 못하게 됩니다. 한 마디로 '학습'이 원활하게 이루어질 수 없습니다. 이런 일들이 지속되면 아이의 학습의욕이 저하되고, 자신감이 떨어지게 됩니다. 그뿐만 아니라 우울감을 호소하거나 학습을 포기하고 산만한 행동을 나타내는 경우도 흔하게 발생합니다.

지금 당장은 문해력의 차이를 느낄 수 없을지도 모릅니다. 일단 글을 읽고 쓸 수 있으니 알아채기 힘들 수 있지요. 하지만 고학년으로 올라가면 앞서 이야기한 세호의 경우처럼 학원이나 담임 선생님에게 아이의 문해력 체크를 권유받는 경우가 생깁니다.

아이의 '구멍 난' 문해력은 세호의 경우처럼 수학에만 영향을 미치는 것은 아닙니다. 여러 영어 전문가들은 아이들이 기본적인 영어 학습을 마무리하고 심화 영어교육으로 나아가기 위해서는 모국어의 문해력이 잘 갖추어져야 한다고 말합니다. 모국어의 문해력이 다져지지 않으면 영어 역시 성장을 기대하기 어렵다고 했습니다.

다른 아이들보다 학습능력이 떨어지면 아이들은 좌절감을 느끼게 되고, 자존감 하락이라는 치명적인 환경을 조성하게 됩니다. 그리고 이는 학습에 직접적인 영향을 미치게 됩니다.

아이의 문해력을 간과해서는 안 됩니다. 문해력은 인간이 삶을 살아가면서 평생 무언가를 '학습하는 능력'과 긴밀하게 맞닿아 있기에 가장 중요하고 우선시 되어야 하는 능력입니다.

타인과의 공감과
소통이 힘들어요

그게 그 뜻이라고?

"난 그런 식으로 이야기한 게 아니란 말이야. 엄마, 민수가 또 저한테 막 화내요."

민수네 아침은 언제나 이런 말로 시작됩니다. 민수와 민호는 쌍둥이입니다. 세상에 둘도 없는 단짝이었지만 이제는 세상에서 가장 이해할 수 없는 존재로 변해버렸습니다.

넉넉한 품성인 동생 민호에 비해 형 민수는 꽤 까다로운 아이입니다. 처음부터 그랬던 것은 아니었습니다. 초등학교에 입학하기 전까지 두 아이는 모든 것이 비슷했습니다. 그러나 초등학교 입학 후 민수는 점점 힘든 아이가 되었습니다. 민수는 학교에서도 친구들과 크고 작은 문제들을 일으켰습니다. 대부분 상대방의 말을 오해하는 것에서 비롯되는 문제였습니다.

하루는 수업 시간에 친구들과 모둠 토의를 하던 민수가 갑자기 벌컥 화를 냈습니다. 모둠 친구 중 한 명이 울기 시작했고, 이내 담임 선생님께서 아이들에게 상황을 물었습니다.

"민수야, 친구들과 이야기하다가 왜 예나한테 소리를 질렀어?"

"예나가 먼저 저한테 목소리가 너무 크다고 놀렸어요."

"예나는 민수에게 그런 말을 했니?"

"네, 근데 저는 그런 뜻으로 한 게 아니라 민수가 목소리가 크니 나중에 발표를 하면 좋겠다는 뜻이었어요."

이렇게 민수는 좋은 의미로 한 칭찬의 말도 자기식으로 해석해버리거나 오해해 결국 크게 혼나거나 큰 싸움으로 번지는 경우가 잦았습니다.

이것은 민수만의 이야기는 아닙니다. 초등학교 선생님들을 대상으로 하는 강의에서도 이런 고민을 이야기하는 선생님들이 많습니다. 아이들이 상대방의 입장을 고려하지 않고 모든 상황이나 말들을 자기식으로 해석한다는 것입니다. 그러다 보니 그냥 넘어갈 수 있는 일들도 오해를 불러 큰 싸움이 되는 경우가 빈번하다고 합니다. 게다가 요즘은 마스크를 착용하다 보니 상대가 짓는 표정을 알 수 없어 그 오해의 골은 더욱더 깊어진다고 합니다.

책이 보여주는 넓은 세상

　문해력은 글을 읽고 정보를 얻는 차원을 넘습니다. 타인이 쓴 글을 읽고, 이해하고, 자신의 것으로 정리하고, 표현하는 것을 포함하죠. 문해력이 잘 갖추어져 있지 않으면 타인과의 소통에 큰 어려움을 겪게 됩니다. 책을 읽는 이유는 지식과 정보 수집 외에도 다양한 사람들과 세상의 이야기를 책을 통해서 간접적으로 경험하기 위해서입니다. 독서는 나와 다른 의견을 수용하는 힘을 길러줍니다. 스마트폰 사용으로 알고리즘에 따라 자신의 관심과 취향이 반영된 콘텐츠만을 접한 아이들은 나와 관심사가 다르거나 취향이 다른 사람과의 소통에 어려움을 느낍니다.

　인간은 사회적인 동물입니다. 서로 감정과 생각을 나누는 과정을 통해 자기 자신을 인식하고, 나아가 타인의 감정을 읽고 서로 이해하는 과정을 통해 성장해 나갑니다.

　타인의 마음을 읽고 이해하는 최고의 방법은 독서입니다. 책에는 우리가 현실에서 만날 수 없는 다양한 인물이나 상황들이 존재합니다. 아이들은 책을 통해 가보지 못한 세계에 가보는 상상을 하기도 하고, 경험해보지 못한 세계를 접하면서 '만약 나라면 이런 상황에서 어떤 생각을 할까?' 하고 감정을 이입하기도 합니다. 그 과정에서 타인을 이해하고 타인과 공감하는 방법, 함께 살아가는 것에 대해 자연스럽게 이해하고 배우게 됩니다.

흔히들 '책 속에 길이 있다'라는 말을 합니다. 하지만 저는 이 말을 이렇게 바꾸고 싶습니다. '책 속에는 세상의 모든 사람들이 있다'라고 말입니다.

아이들에게 스마트폰을 보는 대신 책을 읽어야 하는 이유를 설명해야 할 때 이렇게 설명하면 어떨까요?

"책 속에는 전 세계 모든 친구가 다 있단다. 책을 통해 그들을 만나고, 이야기하고, 소통하는 방법을 배울 수 있어. 그래서 우리는 책을 읽는 거야."

상상력과 창의력이
부족해요

　전 세계적으로 유명한 소설 『해리포터』가 영화로 나오기 전, 사람들은 글로만 읽었던 해리의 이마 흉터는 어떻게 생겼을지, 투명 망토는 어떻게 표현될지, 코딱지 맛 젤리는 어떤 모습일지, 유령 '닉'은 어떤 모습일지 등 각자 책을 읽으며 상상만 했던 장면이 어떻게 영상으로 구현될지 너무너무 궁금해했습니다. 영화가 개봉되자마자 사람들은 자신의 상상 속 『해리포터』와 영화 속 「해리포터」가 얼마나 일치하는지 비교하며 즐거움을 만끽했습니다.

　인간은 무한한 상상력을 가지고 있습니다. 그리고 이 상상력은 새로운 정보와 지식을 만나게 되면 창의력이라는 더욱더 강력한 무기가 됩니다. 각자의 상상 속에만 있었던 『해리포터』가 또 다른 창의적인 수단인 '영화'를 만나 더 특별하게 구현된 것처럼 말입니다.

글을 읽으면서 우리는 머릿속으로 그 장면들을 상상합니다. 상상의 나래를 펼치며 인물을 만들어 내고, 집을 만들어 내고, 마을을 만들어 냅니다. 그리고 상상력은 창의력이라는 날개를 다는 순간 폭발적으로 확장됩니다.

세상에 존재하는 창의적인 생각은 이렇듯 무한한 상상력을 통해서 이루어진 것들입니다. 독서의 과정에서 글로 설명된 것을 머릿속으로 그려보는 행동은 상상력을 키웁니다. 반면 영상이나 미디어 매체를 보는 것은 상상력을 키우기 어렵습니다. 영상 이미지와 소리를 통해 모든 것을 보여주기 때문에 상상할 수 있는 여유와 공간이 없습니다. 정확하게는 상상할 필요가 없는 것이죠. 읽는 힘은 상상하는 힘을 키우고, 상상하는 힘은 창의력으로 이어집니다.

글의 맥락을 파악하지 못해
엉뚱한 말을 해요

문해력에서 가장 중요한 것을 한마디로 말한다면 '맥락 파악'입니다. 예를 들어 『곰씨의 의자』라는 그림책이 있습니다. 아이들이 많이 좋아하는 그림책이지요. 귀여운 그림과 단순한 내용이지만 생각할 거리가 많은 책이기에 문해력뿐만 아니라 아이의 생각과 감정을 파악하는데도 무척 도움이 되는 책입니다.

숲속에서 조용히 살던 곰씨에게 어느 날, 몹시 지친 토끼 한 마리가 찾아옵니다. 곰씨는 자신의 긴 의자를 내어 주며 그에게 쉬라고 이야기합니다. 토끼는 의자에 앉아 편히 쉬면서 쉴 새 없이 이야기합니다. 이때 지나가던 다른 토끼를 만나고, 이 둘은 사랑에 빠져 가족을 이룹니다. 그렇게 점점 곰씨의 의자는 토끼 가족의 차지가 됩니다. 숲에서 조용하게 자신의 의자에서 살던 곰씨는 시도 때도 없이 자신의 의자에 와서 시간을 보내는 토끼 가족으로 인해 힘이 듭니다. 그들이 싫은 것은 아니지만 자신만의 시간이 없어진 것이 너무 불편하고 괴롭습니다.

이 책을 읽고 아이에게 곰씨의 의자를 차지하게 된 토끼 가족으로 인해 불편한 감정을 안고 사는 곰이 자신의 생각과 감정을 어떻게 토끼 가족에게 잘 전달할지 생각해보는 질문을 해봅니다. 이때 아이가 어떤 대답을 하는지 잘 살펴보세요. 질문의 맥락과 전혀 맞지 않는 답변을 하면 다시 한번 책을 읽고 아이가 맥락을 잘 파악할 수 있도록 천천히 설명을 추가하면서 재독합니다.

문해력은 결국 맥락을 짚어가는 힘을 키우는 것입니다. 단어들이 모여 문장을 이루고 그 문장이 전체 이야기에 어울리면서 이야기의 큰 줄기를 이룹니다. 이것을 우리는 '맥락'이라고 하고요. 아이가 이야기 전체의 '맥락'을 잘 파악할 수 있도록 살펴보는 것이 문해력 교육의 핵심입니다.

다음은 학년군별 읽기 성취 기준을 구분한 표입니다. 이를 잘 살펴 내 아이의 학년과 연령에 맞게 읽기가 잘 이루어지고 있는지 체크해보기 바랍니다.

내 아이의 학년군별 읽기 성취 기준표

1~2학년군

1. 글자, 낱말, 문장을 소리 내어 읽는다.
2. 문장과 글을 알맞게 띄어 읽는다.
3. 글을 읽고 주요 내용을 확인한다.
4. 글을 읽고 인물의 처지와 마음을 짐작한다.
5. 읽기에 흥미를 가지고 즐겨 읽는 태도를 지닌다.

3~4학년군

1. 문단과 글의 중심 생각을 파악한다.
2. 글의 유형을 고려하여 대강의 내용을 간추린다.
3. 글에서 낱말의 의미나 생략된 내용을 짐작한다.
4. 글을 읽고 사실과 의견을 구별한다.
5. 읽기 경험과 느낌을 다른 사람과 나누는 태도를 지닌다.

5~6학년군

1. 읽기는 배경지식을 활용하여 의미를 구성하는 과정임을 이해하고 글을 읽는다.
2. 글의 구조를 고려하여 글 전체의 내용을 요약한다.
3. 글을 읽고 글쓴이가 말하고자 하는 주장이나 주제를 파악한다.
4. 글을 읽고 내용의 타당성과 표현의 적절성을 판단한다.
5. 매체에 따른 다양한 읽기 방법을 이해하고 적절하게 적용하며 읽는다.
6. 자신의 읽기 습관을 점검하며 스스로 글을 찾아 읽는 태도를 지닌다.

중학교

1. 읽기는 글에 나타난 정보와 독자의 배경지식을 활용하여 문제를 해결하는 과정임을 이해하고 글을 읽는다.
2. 독자의 배경지식, 읽기 맥락 등을 활용하여 글의 내용을 예측한다.
3. 읽기 목적이나 글의 특성을 고려하여 글 내용을 요약한다.
4. 글에 사용된 설명 방법을 파악하며 읽는다.
5. 글에 사용된 다양한 논증 방법을 파악하며 읽는다.
6. 동일한 화제를 다룬 여러 글을 읽으며 관점과 형식의 차이를 파악한다.
7. 매체에 드러난 다양한 표현 방법과 의도를 평가하며 읽는다.
8. 도서관이나 인터넷에서 관련 자료를 찾아 참고하면서 한 편의 글을 읽는다.
9. 자신의 읽기 과정을 점검하고 효과적으로 조정하며 읽는다.
10. 읽기의 가치와 중요성을 깨닫고 읽기를 생활화하는 태도를 지닌다.

출처: 『읽기 교육의 프리즘』 김도남, 여수현, 김예진 저, 박이정, 2022

엄마들이 가장 궁금해하는
문해력 질문

Q **아이의 문해력을 간단하게 체크할 수 있는 방법이 있을까요?**

가장 쉬운 방법은 아이의 학년 교과서 중 한두 쪽을 직접 소리내어서 읽게 하고, 그 중에서 몇몇 단어를 꺼내서 문장 속에서의 의미를 제대로 파악하고 있는지 살펴보는 것입니다. 만약 아이가 교과서를 적당한 속도로 소리 내어 읽으며 의미를 파악하고 감정을 싣는 '유창성'이 발현되지 않는다면 문장 읽기를 멈추고 단어나 음운 읽기부터 시작해야 합니다. 독해에서 유창성은 매우 중요합니다. 정확하고 속도감 있게 문장을 읽어나가며 자동적으로 의미를 파악할 수 없다면 교과서를 한 쪽씩 부모님이나 교사, 주양육자가 함께 읽어나가면서 모르는 단어를 체크하고 이를 쉬운 말로 설명해주면서 채워나가야 합니다.

Q 책을 읽을 때 배경지식이 중요한가요?

배경지식은 글을 이해하는데 중요한 도구입니다. 읽기는 단순히 글자를 소리 내어 읽는 것에 그치는 것이 아니죠. 읽으면서 사실과 정보를 이해하고, 이를 바탕으로 추론의 과정을 거치는 것이 제대로 된 읽기입니다. 이때 배경지식이 있다면 텍스트에 대한 거부감이 줄어들어 읽기를 더욱더 효과적으로 할 수 있습니다. 만약 해당 텍스트가 특정한 배경지식이 있어야만 읽을 수 있는 텍스트라면 아이에게 본문을 읽기 전 배경지식이 있는지 파악하고 부족하다면 다양한 방법으로 보충한 후에 읽기에 들어가는 것이 좋습니다. 주의하실 사항은 배경지식을 늘리기 위해 지나치게 많은 '읽기 전 활동'을 하게 되면 정작 본문을 읽을 때 아이가 독서를 지루해할 수 있습니다. 읽기 전 활동은 최대한 짧게 하는 것을 추천합니다.

Q 어른인 제가 읽고 너무 감동적이어서 아이에게 추천했는데 반응이 크게 없더라고요. 아이의 책을 선정할 때 기준이 있

을까요?

성인과 아동의 경우 감동을 느끼는 포인트가 사뭇 다릅니다. 아이가 독서를 통해 느끼는 감동은 엄밀히 말하면 이전에 비슷한 경험을 통해 느낀 감동이 책의 내용과 일치하기 때문인 경우가 많습니다. '책을 읽어낸다'라는 표현을 자주 들어보셨을 겁니다. 아이의 책을 골라줄 때 부모의 입장에서 감동적인 내용이었다고 하더라도 아이에게 도전의식이 생기지 않는다면 반응이 시큰둥할 수 있습니다.

아이들의 경우 자신의 독해수준에서 너무 쉬운 혹은 너무 어려운 어휘로만 구성된 책에는 관심이나 흥미를 느끼지 못합니다. 아이에게 책을 추천할 때는 아이가 모르는 단어가 약 30% 정도 있는 책을 선정해주면 좋습니다. 아이는 이 모르는 단어가 문장에서 어떤 맥락으로 구성되어 있는지 추론하는 과정을 거치면서 책을 읽게 됩니다. 그리고 이렇게 책을 읽었을 때 아이는 성취감을 느끼고, '이 책 참 재미있다'라고 느끼게 됩니다.

아이의 책을 고를 때는 ① 아이의 관심사를 중심으로 도서에 대한 흥미를 느끼게 하고, ② 이후에는 아이가 조금 어려워할 수 있는 책을 선택해서 점점 난이도를 올려주시면 좋습니다.

2장

아이의 첫 책,
그림책만큼
좋은 교재는
없다

한글을 몰라도
읽을 수 있는 책, 그림책

시간을 거슬러 올라가 보면 부모들은 임신 기간부터 아이에게 책을 읽어줍니다. 주로 짧은 글과 그림으로 구성된 그림책으로 시작하죠. 그림책은 아이가 세상에서 제일 처음 만나는 책입니다. 그리고 아이와 엄마, 0세부터 100세까지 누구든 즐길 수 있는 유일한 매체이기도 합니다.

그림책은 글로만 이야기를 전하는 소설, 지식 정보책과는 달리 그림을 통해 글에서 못다 한 감정과 생각까지 전달할 수 있도록 구성되어 있습니다. 글과 그림이 상호보완적으로 작용하여 독자들로 하여금 더 많은 감정과 생각, 표현을 끌어내기도 합니다. 부모가 아이와 그림책을 함께 읽으면, 아이의 생각을 키워줄 수 있을 뿐만 아니라 아이가 어떤 감정을 가지고 있는지 교감할 수도 있습니다. 그림책 속 글과 그림처럼 부모와 아이는 그림책을 통해 상호작용을 하게 됩니다. 그림책은 아이의 첫 문해력 수업에 가장 적합한 교재입니다.

더불어 그림책으로 문해력을 시작해야 하는 이유는 '작은 성취감'을 맛보기 위해서입니다. 문해력은 사실 한두 달 한다고 해서 갑자기 좋아지거나 놀라운 발전을 볼 수 없습니다. 지속적으로 꾸준히 해야 하는 지난한 과정입니다. 이 과정을 꾸준히 하기 위해서는 무엇보다 '작은 성취감'이 필요합니다. 그림책은 짧고 간결한 구조로 아이들이 성취감을 느끼기에 좋은 도구입니다. 쉬운 어휘와 문장으로 이루어졌다는 장점도 놓칠 수 없는 이유입니다.

그림책으로 첫 문해력 연습을 해야 하는 또 한 가지 중요한 이유는 아직 한글을 터득하지 못한 영유아들의 문해력 토대를 만들 수 있는 도구이기 때문입니다. 흔히들 글자를 읽지 못하는 아이는 문해력을 키울 수 없다고 생각합니다. 하지만 전혀 아닙니다. 이런 경우 그림책을 활용하면 됩니다. 그림책은 글과 그림이 함께 있어, 한글을 터득하지 못한 아이도 그림을 통해 내용을 잘 파악할 수 있습니다. 또 글 부분은 엄마가 읽어주는 소리를 통해서도 충족될 수 있습니다. 그림과 엄마가 읽어주는 소리를 통해 글을 이해한다면 아이의 문해력 기초를 세울 준비가 된 것입니다. 이제 아이의 문해력은 자연스럽게 단계를 밟고 올라갈 것입니다.

누구도 대신할 수 없는
아이의 마음 읽기

우리 아이가 갑자기 왜 이럴까

"아이와 관계가 예전 같지 않아요."

"갑자기 아이가 말을 하지 않습니다."

"학교에서 무슨 일이 있었는지 도통 입을 열지 않네요."

이런 고민을 하는 엄마에게 우리는 흔히 "에고, 아이가 사춘기가 왔군요"라고 말할 겁니다. 하지만 이 말을 꺼낸 부모들은 이제 막 초등학교에 입학한 아이들의 부모입니다.

예진 씨는 요즘 아이 때문에 고민이 많습니다. 예진 씨의 아들은 명석한 두뇌와 특유의 리더십, 타고난 개그감, 또래와 비교해 머리 하나는 더 큰 훤칠한 키로 유치원 때부터 핵인싸(?)로 불렸습니다.

동네에서 만나는 어른들에게 90도로 인사하는 바른 인성, 언제 어디서나 정확하고 또렷하게 자기 의견을 주장하는 발표력, 해외에서 거주한 경험을 바탕으로 구사하는 현란한 영어까지 뭐 하나 빠지는 게 없는 아이였습니다. 그런 아이가 초등학교에 입학했으니 학급 회장은 물론이고, 전교 선생님들이 예뻐하는 아이가 됐습니다.

하지만 아이가 4학년이 되면서, 툭하면 집에서 화를 내기 시작했습니다. 처음에는 그저 늘어난 공부량으로 인한 짜증이겠거니 했습니다. 실제로 4학년이 되고 배우고 싶다는 과목이 늘어 학원을 늘렸다고 예진 씨는 고백합니다. 하지만 학원을 늘린 건 엄마의 권유가 아닌 100% 아이의 선택이었습니다.

며칠 전에는 학원 선생님으로부터 한 통의 전화를 받았습니다. 아이가 요즘 수업에 집중도 잘 하지 않고, 숙제도 안 해오는 날이 많아졌다는 것입니다. 예진 씨는 어린이집부터 유치원, 초등학교까지 아이의 숙제를 봐주거나 체크한 적이 없었습니다. 언제나 자기가 알아서 잘 하던 그런 아이였으니까요. 학교에서 돌아온 아이에게 자초지종을 물었지만 아이는 온갖 짜증을 내며 문을 쾅 닫고 제 방으로 들어갔다고 합니다.

예진 씨는 아이가 학원을 더 다니고 싶다고 했을 때 충분히 이야기를 나누고 내린 결정이라 더욱더 기가 막혔습니다. 하지만 학원을 늘리고 아이의 상황이 전과 사뭇 달랐던 것은 사실이었습니다. 하교 후에 전처럼 놀이터에서 놀 수도 없었고, 식사도 규칙적으로 하지 못해 항상 불만이 가득한 얼굴이었습니다. 그래도 처음에는 새롭게 배우는 과목들에 흥미를 느꼈던 아이였는데 순식간에 돌변해버린 아이의 태도에 예진 씨는 속상합니다.

학습 불안으로 늘어나는 학원 가방

최근 예진 씨와 같은 고민을 토로하는 부모가 많습니다. 불안은 이제 청년 세대들만의 이야기가 아닙니다. 초등학생들도 불안한 하루하루를 보내고 있습니다. 이제 아이들은 학원에 가겠다고 먼저 말합니다. 그 이유에는 물론 학원에 가야 볼 수 있는 친구들과 놀고 싶은 마음도 있지만, 친구들은 뭔가 끊임없이 배우고 있는데 나만 뒤처지는 것은 아닐까 하는 불안한 마음 역시 들어 있습니다. 이런 아이들의 마음과 생각을 읽어야 하는 게 부모입니다. 이것은 그 누구도 대신해줄 수 없습니다.

예진 씨의 아이 역시 주변 친구들이 학원에 다니기 시작하니 자신도 해보고 싶은 마음에 덜컥 여러 학원을 수강하기 시작했는지도 모릅니다. 하지만 막상 시작하고 보니 몸도 마음도 힘들었을 겁니다. 예상치 못한 상황에 가장 편한 엄마에게 짜증이라는 방식으로 표현되었던 거고요.

대부분 이런 경우, "네가 원해서 한 것 아냐?", "그럼 당장 그만두

던가!"라고 아이와 실랑이를 벌일 겁니다. 하지만 아이가 과연 학원을 그만두고 싶어서 그런 걸까요?

아이는 "지금 내가 좀 힘들어", "적응이 어려워", "다니기 싫은 것은 아닌데 조금 힘들어"라고 말하는 것입니다. 다만 그런 자신의 감정을 제대로 표현하지 못하는 것뿐이죠.

그림책으로 아이의 마음 읽기

세상에서 엄마가 가장 예쁘다고 칭송해 마지않던 아이는 어느 날, 갑자기 세상에서 제일 미운 사람이 엄마로 변합니다. 아빠에 대해서도 마찬가지입니다. 예고도 없이 그냥 훅 치고 들어오죠. 꼭 사춘기가 아니더라도 초등 고학년이 되면 아이들은 어느새 조금씩 마음의 독립을 합니다. 미주알고주알 하나부터 열까지 다 쏟아내던 이야기도 어느새 확 줄어듭니다.

아이와 함께 책을 읽는 부모는 이 상황을 조금은 더 지혜롭게 대처할 수 있습니다. 평소 아이와 쌓아놓은 대화와 질문을 통해 시시각각 변하는 아이의 감정을 잘 인지하기도 하고, 아이가 부모에게 자신의 감정과 상황을 잘 표현하기 때문이죠.

다양한 교육콘텐츠가 즐비합니다. 누구나 쉽게 원하는 콘텐츠를 얻을 수 있습니다. 지금 필요한 부모의 역할은 좋은 교육콘텐츠를 아이에게 제공하는 것이 아니라 아이의 감정을 잘 알아주고, 이해해

주는 것 입니다.

그림책은 아이의 감정을 읽기에 더할 나위 없이 좋은 콘텐츠입니다. 다정한 그림과 글을 통해 얼어 있던 아이의 마음을 풀고, 엉켰던 감정의 실타래를 풀어주세요. 친구와의 관계, 공부의 어려움, 부모나 형제들에게 서운했던 마음 등 놓치고 지나칠 뻔한 아이의 마음을 읽는 것이 문해력의 첫 시작입니다.

아이와 부모가 함께하는 그림책 읽기, 이보다 더 훌륭한 부모표 교육은 없을 것입니다.

"이 장면, 어떻게 생각해?"

"세린이라면 어떻게 할 것 같아?"

"주인공 표정 잘 보이지? 지금 이 아이의 마음은 어떤 기분일까? 한번 상상해볼까?"

시시콜콜하고 다소 낯선 이야기도 그림책에 기대어 풀어내면 자연스럽게 풀립니다. 그림책은 이렇게 읽어야 합니다.

> 엄마들이 가장 궁금해하는
> 문해력 키우는 그림책 독서법

다시 읽는 즐거움

그림책 『여우』에는 여우, 개, 까치 이렇게 세 마리의 동물이 등장합니다. 큰불로 타버린 숲에서 눈을 다친 개와 날개를 다친 까치는 서로를 의지하며 다정한 친구로 살아갑니다. 그러던 어느 날, 불안한 모습의 여우를 만나게 되었고 여우는 둘의 모습이 정말 '특별'해 보였다고 말합니다. 개는 그런 여우를 반겼지만 까치는 몸을 잔뜩 움츠리며 여우를 경계했습니다. 여우는 마침내 둘이 살던 동굴을 자신의 냄새로 가득 채웠고, 날개를 다친 까치에게 개보다 더 빨리 달릴 수 있다고 말하며 자신과 함께 이곳을 떠나자고 제안하죠. 결국 여우의 말에 넘어간 까치는 개를 떠나지만, 곧 여우에게 버림받고

맙니다.

이 책을 읽으면 많은 생각이 오고 갑니다. 여우와 개 그리고 까치를 보면서 아이들은 자신의 친구 관계를 떠올릴 수도 있습니다. 나를 서운하게 했던 친구, 지금 내 곁에 있는 친구 그리고 앞으로 만나게 될 다양한 친구들은 어떤 모습일지 상상하게 됩니다. 하지만 이런 생각들은 그림책을 한 번 읽는 것만으로는 얻기 힘든 생각들입니다. 여러 번 재독을 하면서 글과 그림을 통해 충분히 느끼고 이해해야만 가능합니다.

그림책을 읽을 때 항상 재독을 권합니다. 대개 아이들은 그림책은 분량이 짧아서 한 번에 빨리 읽을 수 있는 책으로 인지합니다. 그림책은 글로 한 번, 그림으로 한 번, 글과 그림을 천천히 음미하면서 한 번, 세 번 정도 읽으면 좋습니다. 순서는 아이의 요구에 따라 혹은 책에 따라 변형이 가능합니다.

"오늘은 글부터 읽을까? 그림부터 읽을까?"

아이가 어느 정도 한글을 알게 되면 그림책을 읽기 전에 이런 선택지를 주는 것도 책에 대한 흥미를 돋울 수 있습니다. 아이는 인생 최대의 난제를 만난 듯 글부터 읽을지 그림부터 읽을지 아주 깊이 고민합니다. 이런 과정을 통해 글로만 읽었을 때와 그림으로만 읽었을 때의 느낌을 서로 비교하며 느끼는 것도 그림책을 만끽하는 좋은 방법입니다.

이런 활동을 통해 나의 생각과 감정을 비평하고 분석하는 힘이 길러집니다. 비평하고 분석하는 힘은 그냥 길러지는 것이 아닙니다. 다양한 방법과 시선으로 사물을 대하고 관찰하는 태도에서부터 시작됩니다. 관점을 달리하는 아이, 자신만의 생각을 발전시킬 수 있는 아이로 키우고 싶다면 여러 방법으로 읽기를 시도해보세요.

작가의 전작 읽기

저는 그림책 『미움』의 조원희 작가 책을 무척 좋아합니다. 대담하고 세련된 색감과 읽고 나면 이야기를 곱씹게 하는 강력한 스토리 힘이 조원희 작가의 매력이라고 생각합니다. 그녀의 작품 중 인간의 욕심에 관한 작은 경고를 하는 『얼음소년』, 죽음에 대한 이야기를 다룬 『혼자 가야 해』, 작고 소중한 것에 감동하는 마음을 키우게 하는 『근육 아저씨와 뚱보 아줌마』 등은 아이들에게 늘 추천하는 책입니다. 책마다 독특한 발상과 표현이 과연 이 작가는 어떤 사람일까 궁금하게 만드는 그런 작가입니다. 조원희 작가의 그림책을 접하고, 작가가 전하는 그림책의 매력에 빠져 그녀의 전작을 모두 읽게 되었습니다. 그리고 작가의 인터뷰를 찾아 꼼꼼하게 읽어보면서 한 작품 한 작품 어떤 마음과 상황, 계기로 그리고 쓰게 됐는지 책과 인터뷰를 교차해서 보는 재미를 느낄 수 있었습니다.

문해력 키우는 그림책 독서법 중 두 번째는 좋아하는 작가의 전작 읽기입니다. 좋아하는 그림책이 있으면 그 작가의 다른 그림책도 함께 읽게 해주세요. 한 작가의 전작을 함께 읽으며 한 권으로 끝나는 읽기가 아닌 연속적인 읽기의 즐거움, 한 작가를 오롯이 알아가는 즐거움을 아이들이 느낄 수 있도록 하는 것입니다. 가능하면 인터뷰 기사나 관련 영상을 통해서 작가의 생각을 듣거나 알 수 있도록 해주면 아이는 그림책을 더 깊이 있게 이해할 것입니다.

질문하면서 읽기

문해력 키우는 그림책 독서법 세 번째는 질문하면서 읽기입니다. 읽기는 글과 독자의 끊임없는 상호작용을 통해 완성됩니다. 글을 읽을 때 독자는 눈으로는 글자를 읽지만, 뇌에서는 계속해서 이 글에 대한 생각을 만들어 나갑니다. 아이에게 책을 읽어줄 때 부모의 속도가 아닌 아이의 속도에 맞춰서 읽어주어야 합니다. 그리고 한 페이지를 읽고 아이의 표정을 살피고 아이가 그림책 구석구석을 꼼꼼하게 살펴볼 수 있도록 여유를 갖고 책을 읽어주는 것이 좋습니다. 아이의 눈이 멈추는 장면에서 아이를 잘 관찰하신 후 질문을 해주세요.

"이 문장(혹은 그림)을 오래 보네. 이유가 뭘까?"

문장이나 그림에 대해서 아이가 깊게 생각할 시간을 주면서 아이가 어떤 생각을 하고 있는지 질문을 통해서 정리할 수 있도록 해주세요. 좋은 질문은 아이 스스로 책을 읽는 방법을 터득하게 만듭니다. 이때 부모나 양육자가 옆에서 아이가 관심과 호기심을 보이는 부분에 대해서 긴밀하게 체크하는 것이 매우 중요합니다. 가장 중요한 것은 아이의 눈이 머무는 장면이 어디인지 살펴보고, 그 장면에 대해서 질문해야 한다는 것입니다.

대개 부모나 양육자는 아이에게 책을 읽어줄 때 낭독자가 관심이 있는 부분에 대해서 질문합니다. 하지만 이것은 낭독자의 관점으로 책을 읽었을 때 궁금한 것들입니다. 아이가 어떤 부분에 흥미와 궁금증을 갖는지 잘 보고 그 부분에 대해서 질문해야 더 효과적으로 문해력을 키울 수 있습니다.

3장

아이의 읽기를
가로막는 장애물,
부모가 함께
넘어라

꼭 부모표여야
하나요?

문해력은 부모와의 교감을 통해 성장합니다

다정한 부모표 문해력 수업

저도 18년 동안 육아를 했으니, 아이를 키운다는 것이 얼마나 힘들고 고된 일인지 그 누구보다 잘 알고 있습니다. 어릴 적에는 그저 잘 먹고 잘 놀면 그만이었지만 점점 커가면서 혹여 내가 잘 알지 못해 아이가 뒤처질세라 노심초사하며 아이를 키운 것 같습니다. 내가 할 수 있는 한, 최선을 다해 아이에게 좋은 것을 경험하게 하고, 느끼게 해 주고 싶은 것은 어느 부모가 다 마찬가지지요.

그래서 부모표나 엄마표를 이야기할 때면 늘 조심스럽습니다. 행여 부모들의 육아 부담이 가중될까 걱정이 되기도 합니다. 하지만 문해력 교육만큼은, 특히 초기 문해력(영유아부터 초등학생 때까지)은 부모나 주 양육자가 해주는 게 좋습니다. 이유는 다음과 같습니다.

첫째, 아이와 정서를 공유할 수 있습니다. 부모는 태교 때부터 아이에게 책을 읽어줍니다. 대부분 그림책이죠. 아이에게 그림책은 문해력의 차원에서 들여다보는 책일 수도 있지만, 부모와 정서적인 교감을 이루는 콘텐츠이기도 합니다. 아이를 임신하고 출산하고 양육하면서 아이와 나눈 정서적인 유대감을 문해력 수업에 활용하면 좀 더 쉽게 아이의 문해력이 성장할 수 있습니다. 아이는 엄마, 아빠의 목소리를 더 오래오래 기억하고 깊이 새기니까요.

둘째, 아이의 생각을 알 수 있습니다. 아이가 성장하면서 점점 외부 활동이 많아집니다. 학교, 학원, 방과 후 활동 등 다양한 활동을 하며 성장해 나갑니다. 이 과정에서 아이의 달라진 생각과 마음을 읽기란 쉽지 않습니다. 어느 날 "우리 얘기 좀 할까"라고 하면 어느덧 아이는 훌쩍 성장해 부모와는 이야기가 안 통한다며 눈앞에서 문을 닫아 버립니다. 하지만 아동기 때 아이와 책을 통해 충분히 이야기를 나눈 부모와 자녀의 관계는 끈끈할 수밖에 없습니다. 청소년기에 들어서도 아이의 생각을 쉽게 물을 수 있고, 아이 역시 부모와의 대화가 어색하거나 부담스럽지 않습니다. 이미 오랜 기간 함께한 독서를 통해 다져지고 나눈 시간이 있기 때문입니다. 아이와 함께 책 읽는 시간은 문해력을 키우는 시간일 뿐만 아니라 아이의 생각을 알아가는 소중한 시간이기도 합니다. 이 순간을 절대 놓치지 마세요.

그 시간은 결코 다시 오지 않습니다.

셋째, 아이의 기쁨과 슬픔을 알게 됩니다. 책은 참 신비로운 존재입니다. 책에는 삶의 희로애락이 모두 들어 있거든요. 주인공이 울면 나도 울게 되고, 주인공이 웃으면 어느새 나도 웃게 됩니다. 글과 그림으로 만들어진 책은 읽는 순간, 마치 공간이동을 하는 것처럼 우리를 전혀 다른 세계로 데려다줍니다. 그리고 그 공간에서 우리는 내 삶의 즐거움과 기쁨, 슬픔과 고통을 술술 이야기하게 됩니다. 내 아이의 기쁨과 슬픔에 대해서 얼마나 알고 있나요? 아이와 함께 책 읽는 시간은 아이가 기쁨과 슬픔을 표현하고 부모와 나누는 시간입니다.

아이와 나의 연결고리

저는 그림책에게 진 빚이 참 많습니다. 아이가 어릴 때 매일 그림책을 읽어주었습니다. 다른 건 몰라도 책만큼은 꼭 좋아하고, 자주 접하는 아이로 크길 바라는 마음이었거든요. 그래서인지 아이는 그림책으로 한글을 더욱 쉽게 받아들였고, 고등학생인 지금도 여전히 읽고 글 쓰는 것을 좋아합니다. 중학생이 되고, 사춘기 돌풍 속에 아이와의 관계에서 위기가 올 때면 저는 가끔 그런 말을 했습니다.

"우리 다정하게 그림책 읽던 시절을 잊지 말자."

그럼 한참 짜증을 부리던 아이도 터져 나오는 웃음을 참기 어려워하곤 했습니다. 그림책은 그렇게 저와 아이의 좋은 연결고리입니다.

"세상에, 고등학생 아이랑 웃으며 대화한다고요?"

너무 서글픈 반응이죠. 화장실까지 쫓아오며 떨어지기 싫어하던 아이가 청소년이 되었다고 웃으며 대화하는 것이 부러움의 대상이라니 말입니다. 단, 매일 그런 것은 아닙니다. 아이들은 커가면서 부모의 품을 자꾸 벗어나려 하죠. 아이가 품을 벗어나더라도 나와 단단한 끈으로 연결되어 있다면 언제든 다시 돌아오는 길을 잃지 않습니다. 또 너무 멀리 엉뚱한 길로도 가지 않죠. 왜냐하면 우리는 함께 읽으며 정서적으로 교감을 이루었던 그 순간들로 연결돼 있으니까요.

『할머니 주름살이 좋아요』라는 그림책에 이런 장면이 나옵니다. 할머니 얼굴에 깊이 팬 주름살을 보며 귀여운 손녀는 할머니의 얼굴 주름에 대해 이야기합니다. 이때 할머니는 그 주름살 안에는 기억들이 담겨 있다고 말합니다. 서정적이고 아름다운 표현이지요. 엄마, 아빠와 함께 하는 그림책 문해력 수업은 나와 아이가 행복해지는 '주름'을 만드는 시간입니다.

수업이 아닌 교감의 시간으로

문해력 교육의 문제는 '좋은 건 아는데 지속하기가 어렵다'입니다. 문해력 교육을 실패하는 단 하나의 이유는 독서와 글쓰기, 문해력을 학습적인 면으로만 접근하기 때문입니다.

시중에 문해력에 관한 책이 참 많습니다. 오랜 시간 문해력을 연구해온 사람으로서 많은 분들이 문해력에 관심을 가져 너무나 반갑습니다.

그런데 일부에서는 문해력마저 '공부법'의 일종으로 포상하는 모습이 실망스럽기도 합니다. 독서도 공부로, 글쓰기도 공부로, 문해력까지 공부로 여기게 되면 아이들은 결국 '공부'라는 범주 안에 독서와 글쓰기, 문해력을 포함하게 됩니다. 물론 공부를 좋아하는 아이도 있겠지만 대다수의 아이들은 공부는 지루한 것, 재미없는 것으로 인식하고 있습니다. 문해력마저 그렇게 되진 않았으면 하는 것이 작은 바람입니다. 특히 영유아와 초등 시기에 시작하게 되는 아이들의 첫 문해력 수업의 도구인 그림책은 아이에게 때로는 놀잇감이고, 때로는 든든하고 다정한 선생님이었으면 좋겠습니다.

그림책 문해력 교육은 '다정함'이 포인트입니다. 요즘 아이들은 참 예민하고 섬세합니다. 아주 작은 자극에도 지나치게 화를 내기도 하고, 자기 주관이나 주장이 확고해서 부모가 비집고 들어갈 틈이 없습니다. 때로는 각종 미디어를 통해 이미 관련 분야의 전문가 소견이나 의견을 부모보다 더 많이 알고 있는 아이들도 꽤 많습니다. 그렇다 보니 부모의 말이 제대로 받아들여지기 어렵습니다. 그렇다고 우리가 교육받았던 것처럼 강요하고 억압하면, '금쪽같은 내 새끼'에 제보할지도 모릅니다. 물론 우스갯소리입니다.

아이에게 그림책을 읽어주는 시간을 공부를 잘하게 되는 문해력 '수업'이라 생각하기보다는 아이와 그림책을 읽으며 정서적인 교감과 안정을 형성하는 순간으로 생각할 것을 추천합니다. 하루 10분, 단 한 권을 읽어도 좋습니다. 그림책을 아이에게 소리 내어서 읽어주는 시간을 갖는 것만으로도 아이와 정서적인 교감, 서로에 대한 신뢰를 회복하는 좋은 계기가 될 겁니다.

그래서 아이에게 그림책을 읽어줄 때는 최대한 '다정하게' 읽어주세요. 아이가 충분히 그림책의 그림과 글에 관심을 가질 수 있도록 말이죠. 천천히 또렷한 목소리로 읽어주시고, 다음 페이지를 넘길 때는 아이가 충분히 읽었는지 꼭 물어보고 넘겨주세요. 그리고 글을 읽고 난 후에는 그림을 함께 볼 수 있는 '그림 읽기 시간'도 놓치지 마세요. 아이가 그림을 통해 글에서는 느끼지 못한 감정과 생각을 느낄 수 있도록 시간을 주면 됩니다.

책이라면
무조건 싫어해요

책 속에 숨어 있는 아이의 관심사를 찾으세요

초등학교 2학년인 영호의 엄마는 요즘 힘든 시기를 겪고 있습니다. 영호가 책이라고 하면 무조건 읽지 않으려고 하기 때문이죠. 왜 이렇게 됐는지 이유를 찾아봤지만 도통 답을 찾을 수 없습니다. 다만, 조금 마음에 걸리는 것은 영호가 어렸을 때부터 유튜브 영상을 자주 본 것입니다.

의학계의 보고에 따르면 만 2세 이전의 영상이나 미디어의 노출은 아이의 주의 집중력에 치명적인 영향을 끼친다고 합니다. 많은 소아정신과 전문의는 독서뿐만 아니라 아이의 건강한 발달을 위해 가능하면 생후 24개월 전까지는 영상이나 미디어 매체 접촉을 최소화하라고 말합니다. 대부분의 부모가 아이가 태어나기 전에는 "그럼 절대 보여주지 말아야지"라고 고개를 끄덕였을 겁니다. 하지만 현실은 녹록지 않습니다.

　외식할 때 주변 사람들의 눈총이 따가워 어쩌다 한번 보여준 영상에 빠진 아이는 시시때때로 휴대폰을 보여달라고 떼를 씁니다. 눈물 콧물 다 흘려가며 울고 불며 떼쓰는 아이에게 약해진 마음은 결국 잠금 화면을 열 수밖에 없습니다. 일찍 미디어에 노출된 아동들의 경우 책을 거부하는 현상이 매우 심각합니다. 아무리 재미있는 내용의 책이라도 화려한 영상 기술이 주는 자극과 비교할 수 없습니다.

　영호처럼 일찍 미디어에 노출된 아동의 경우 관심 분야를 통해 책에 흥미와 재미를 느끼게 하는 것이 가장 좋습니다. 다행히 영호는 자동차와 공룡을 무척 좋아한다고 했습니다. 그래서 도서관과 서점에서 관련 서적을 아이가 직접 고르게 하고, 이를 집에서 부모와 함께 읽어보기를 권했습니다. 그리고 이런 아동일수록 아이가 책을 읽을 때마다 무조건적이고 격한 칭찬을 꼭 해주어야 합니다.

　이때 책의 범위는 백과사전부터 관련 그림책, 동화책, 전문 서적, 사진 책 등 다양하게 응용할 수 있습니다. 다만 다 읽은 후에는 아이의 관심사에 대해서 아이가 새로 알게 된 사실이나 정보 등을 따로 정리하게 해서 독서를 통해 지식이나 정보가 쌓이는 것을 스스로 눈으로 보고, 느낄 수 있게 해주어야 합니다. 자신이 좋아하는 분야의 새로 알게 된 사실들이 '독서'를 통해서 쌓이는 것을 몸으로 직접 느끼게 해야 합니다.

　이때 꼭 반듯한 글씨로 정갈한 기록을 하지 않아도 됩니다. 관련 사진을 붙이고 간단한 메모하기, 그림 그리기 등으로 해도 괜찮습니다. 여기서 중요한 것은 아이가 책을 읽으니 내가 좋아하는 것에 대해 아는 것이 늘어났다는 '작은 성취감'을 맛보게 하는 것이 핵심입니다. 이런 경험을 통해 아이가 책에 대해 긍정적인 마음을 갖게 된다면 작전 성공입니다.

책을 너무
빨리 읽어요

눈이 아닌 소리 내어 읽게 하세요

초등학교 2학년인 영민이는 책을 정말 빨리 읽습니다. 이런 경우 대부분 대화체로 된 글자만을 빠르게 읽은 후 전체의 줄거리를 파악하는 경우가 많습니다. 그래서 책 내용을 물어보면 얼추 맞게 대답하니 아이의 문해력 정도를 파악하기 어렵습니다.

문제는 이렇게 책을 대충 읽게 되면 당장에는 큰 어려움이 없어 보이지만 나중에 큰 부작용이 생깁니다. 대충 읽는 습관이 고착되기 때문이죠. 초등학교 저학년이 읽는 텍스트의 경우 대부분 내용이 간결한 구성 방식으로 서술되는 경우가 많아 대충 읽어도 내용 파악이 어렵지 않습니다. 하지만 이것은 어디까지나 글밥이 적은 저학년용 책에 한해서입니다.

4학년 이상이 되면 다양한 종류의 책을 읽게 됩니다. 자세히 한 줄 한 줄 의미를 파악해야 하는 글부터 여러 지식과 정보가 들어 있는 책까지 골고루 접하게 되는데 이런 책들까지 대충 읽게 되면 책을 읽어도 남는 게 전혀 없는 독서가 됩니다. 은유나 비유, 깊이 있는 생각을 요구하는 문장들을 이해하기가 점점 힘들어져서 결국 책 읽는 것이 버겁고 힘들어집니다. 그리고 곧 책을 멀리하게 되지요.

빨리 읽는 습관을 고치기 위해서는 책을 소리 내어서 읽는 낭독법을 추천합니다. 낭독은 한 권의 책을 3번 읽는 효과를 볼 수 있습니다. 먼저 읽어야 할 내용을 눈으로 1번 읽고, 입으로 다시 소리 내면서 2번 읽고, 소리 내어 읽은 내용을 귀로 들으며 3번 읽게 되는 것이죠. 더불어 소리 내어서 읽게 되면 또박또박 천천히 읽게 되기 때문에 의미 파악이 안 되는 문장이 어떤 것인지 알게 됩니다.

소리 내어서 읽을 때는 반드시 엄마와 약 1m 정도 떨어져서도 들릴 수 있을 만큼의 목소리를 내도록 합니다. 그리고 마치 아나운서가 된 것처럼 최대한 정확한 발음으로 읽을 수 있도록 지도해주세요. 이때 녹음을 하거나 영상을 촬영해서 자신의 읽는 모습과 목소리를 들려 주는 것도 효과가 큽니다. 자신의 목소리를 직접 들으면서 발음 교정 및 내용 파악을 하기도 하고, 오디오북 형태로 평상시에 듣게 할 수도 있습니다. 어떤 방법으로든 한 권의 책을 깊이 있게 여러 번 읽는 습관을 들이는 것이 좋습니다.

내용을
기억하지 못해요

독서 후 간단하게 한 줄 기록을 쓰게 하세요

초등학교 1학년인 하루는 학원을 다니고, 친구랑 놀면서도 책을 많이 읽었습니다. 학원 가기 전이나 좋아하는 TV 만화가 시작하기 전에도 틈틈이 책을 읽었죠. 하지만 책을 읽고 난 후 책 내용을 물어보면 기억을 잘 하지 못했습니다. 책을 읽고 나서 시간이 지나 까먹었는지, 책을 너무 많이 읽어서 미처 다 기억을 못하는건지, 엄마의 마음은 복잡해져만 갔습니다.

인간은 참 신비로운 동물입니다. 자주 쓰는 감각기관이나 운동신경은 발달하고, 자주 쓰지 않는 감각기관이나 운동신경은 퇴화합니다. 핸드폰이 있기 전 저는 가족과 지인들의 전화번호를 몽땅 외웠습니다. 하지만 지금은 아들의 전화번호도 가물가물할 때가 있습니다.

전자 기기의 발달은 우리의 삶을 편하게 변화시켰지만 우리의 감각 기관과 운동신경은 점점 퇴화되게 만들었습니다.

책을 읽어도 책 내용을 기억하지 못하는 친구들 역시 비슷한 맥락에서 이해할 수 있습니다. 하루 같은 경우는 책을 읽은 후 바로 학원에 간다거나, 텔레비전 프로그램과 같은 영상을 보는 등 다른 자극을 연달아 받았을 가능성이 큽니다. 그렇게 되면 아이의 뇌는 앞서 읽은 책의 내용을 비우고 새로운 자극을 받아들이는 것이죠. 그러니 책 내용을 물어보면 기억을 잘하지 못하는 것입니다.

이런 경우 독서 후 기록을 하도록 하면 좋습니다. 독후활동이라는 거창한 방법이 아닌 책 제목과 가장 인상 깊은 문장 하나만 기록하게 해도 됩니다. 한 줄의 문장이라도 기록한 것과 기록하지 않은 것에는 큰 차이가 있습니다. 이때 기록한 것은 한 곳에 모아 보관합니다. 그래서 아이가 자주 들춰보면서 내가 읽은 책을 회상하고 연상시키도록 하는 것이죠. 이것이 책을 가장 오래 기억하는 방법 중 하나입니다.

가장 고전적인 방법이 가장 효과적인 방법일 수 있습니다. 한 줄 독서 기록은 쉽고 간단해서 아이들이 부담 없이 할 수 있습니다. 또 지속적으로 할 수도 있죠. 오래 하다 보면 아이의 독후활동에 큰 도움이 되고, 나아가 내가 읽은 책의 목록을 한눈에 볼 수 있어 더욱더 효과적입니다.

한 줄 기록이 익숙해지면 책마다 자신만의 별점 주기를 추가해보세요. 1~10점까지 자신만의 기준으로 별점을 주는 것입니다. 평균 6점을 기준으로 하여 평균보다 재미있거나 인상적인 책은 6점 이상을 주면 되고, 평균보다 덜 재미있었던 책은 6점 이하로 주면 됩니다. 그리고 이 습관이 잘 자리 잡으면 별점을 준 이유도 한 줄씩 남기도록 합니다. 별점 주기는 책을 고르는 자신만의 기준과 안목을 키우며 나아가 콘텐츠를 비평하는 눈도 기를 수 있습니다.

또 앞서 언급한 낭독법을 다양하게 활용해도 좋습니다. 엄마가 한 쪽을 읽고, 아이가 다음 한 쪽을 읽는 방식으로 아이가 적극적으로 읽기에 참여할 수 있도록 하는 것입니다. 교차낭독법은 내가 읽는 글은 생각과 감정을 실어서 읽게 되고, 누군가 읽어주는 글은 들으면서 글의 내용을 상상하는 습관을 키우게 되어 책을 더 오래 기억하게 됩니다. 다양한 변주로 들어오는 글을 좀 더 세심하게 기억하는 읽기 방법을 터득하게 되는 것이죠. 이 방법은 책을 읽고 엉뚱한 이야기를 하는 아동들에게도 효과적입니다.

아이에게 다양한 읽기 방식을 알려주세요. 책은 그저 눈으로만 읽는 것이 아닙니다.

그림책은
시시하대요

강요 대신 선택지를 만들어주세요

한 초등학교 학부모 독서 동아리에서 특강을 진행한 적이 있습니다. 강연이 끝난 후 한 어머니께서 이런 질문을 하셨습니다.

"저희 아이는 그림책이 시시하다고 합니다. 이해는 하는 건지 의문스러운 두꺼운 책만 읽으려고 해요."

아이마다 차이가 있지만, 초등학교 3학년쯤 되면 아이가 부쩍 자랐다는 것을 인지하게 됩니다. 나이가 한 자리 숫자에서 두 자리 숫자가 되는 이른바 틴에이저(teenager)가 되어서 일까요? 아이들도 자신이 꽤 많이 성장했다고 느끼는 듯 해요. 그래서인지 가끔 이런 '독서허세'를 부리는 친구들도 있고요. 참 귀엽죠.

이때 그림책은 시시하다고 멀리하는 아이들이 많아집니다. 하지만 너무 걱정하지 마세요. 그림책이 아니더라도 문해력 연습은 할 수 있으니까요. 그림책을 멀리하려는 아이에게 굳이 그림책을 강요할 필요는 없습니다. 단, 아이가 왜 그림책을 시시하게 여기는지 그 이유는 잘 살펴보아야 합니다. 정말 그림책 자체가 시시해서 그런지 아니면 그냥 잠시 '독서허세'를 부리는 것인지 말입니다.

그림책이 시시하다고 느끼는 아이 중에 그림책의 다양한 주제와 소재에 대해 잘 모르는 친구들이 많습니다. 유치원 때부터 책장에 꽂혀 있던 색깔이나 숫자, 글자를 알려주는 알록달록한 영유아용 그림책이 그림책의 전부라고 생각하는 경우도 많습니다. 이런 이유로 그림책을 시시해한다면 다양한 그림책을 접하게 해주세요. 글 없는 그림책, 다양한 연령대가 향유하고 있는 여러 주제를 다룬 그림책, 철학적인 담론을 다룬 그림책 등을 알려주면 아이는 어느새 그림책이라는 엄청난 세계에 빠지게 될 겁니다.

이수지 작가의 그림책 『여름이 온다』는 글자가 거의 없습니다. 여름이라는 주제 하나만으로 작가의 여러 그림들을 감상할 수 있는 그림책입니다. 더불어 그림책을 둘러싸고 있는 겉표지 자체도 펼쳐 보면 또 한 장의 그림이 됩니다. 이 한 권의 그림책을 읽고 나면 여름을 주제로 한 전시회에 다녀온 듯한 느낌마저 듭니다.

영국의 유명 작가이자 일러스트레이터인 올리버 제퍼스의 『마음이 아플까봐』는 할아버지를 잃은 한 소녀의 이야기를 다룬 그림책입니다. 이 책은 상실과 부재에 대한 이야기, 상처 받은 마음과 함께 숨쉬면서 살아가는 방법에 대한 심오한 주제를 담고 있습니다.

다양한 주제와 담론, 독특한 방식의 그림책을 통해 아이가 그림책의 여러 세계를 맛볼 수 있도록 해주시면 시시하게만 여겼던 그림책의 놀라운 세계에 다시 돌아오게 됩니다.

줄거리는 말하지만
감상은 말하지 못해요

독서 후 생각을 정리할 시간을 주세요

아이들의 독후감을 읽다 보면 때로는 박장대소를 하게 됩니다. 어쩌면 독후감 말미에는 한결같이 '참 재미있었다', '정말 재미있었다', '너무 재미있었다' 이 세 문장 중 하나일까요? 사는 곳도 다르고, 성별도 다르고, 심지어 학년도 다르지만 끝은 다들 비슷합니다. 애써 책을 읽어준 엄마는 아이의 이런 건조한 표현이 항상 불만입니다.

"아이들은 정말 책을 읽고 아무런 감흥이 없는 걸까요? 아니면 정말 '재미있었다' 외에는 다른 표현을 못 하기 때문일까요?"

이 질문은 학부모 특강의 단골 질문이기도 합니다.

첫 번째는 재미있다는 말 외에 자신의 생각을 표현할 만한 적당한 단어를 아직 알지 못하기 때문입니다. 어휘력이라고 하지요. 같은 표현이라도 다양한 단어를 통해 표현하면 훨씬 그 감정과 생각이 깊다는 것을 느끼게 됩니다. 하지만 부족한 어휘력은 내가 느낀 풍부한 감정과 생각을 표현하지 못하게 합니다. 평소 아이가 다양한 책을 통해 어휘력을 늘릴 수 있도록 여러 가지 말놀이, 글놀이를 활용한 독후활동을 해보세요. 그림책이나 동화책을 읽고 난 후 책에 나온 단어를 활용해서 한 줄 글짓기, 인상적인 한 장면을 가지고 이야기 만들기, 끝말잇기, 새롭게 알게 된 단어를 사전에서 찾아서 그 단어의 뜻을 활용해서 이야기 쓰기, 유의어와 반의어를 활용한 글쓰기, 책 속에 나온 단어를 이용한 빙고놀이, 책제목을 첫 문장으로 두 줄 글쓰기 등 무궁무진하게 아이디어를 내셔서 여러 독후활동을 해보세요. 책에서 읽은 단어를 활용한 독후활동이기에 아이들은 그 단어를 잘 이해하고 오래 기억할 겁니다.

이렇게 놀이를 통해 다양한 어휘를 익히게 되면 아이의 어휘력은 차츰 좋아지게 될 것입니다.

어휘에는 표현어휘와 수용어휘(이해어휘)가 있습니다. 표현어휘는 나의 생각과 감정을 밖으로 표출할 수 있는 어휘이고, 수용어휘는 내가 글을 읽고 이해할 때 필요한 어휘입니다. 이 둘을 모두 충분히 갖췄다면 가장 이상적인 어휘력을 갖고 있다고 할 수 있겠지만 대부분은 표현어휘보다 수용어휘가 많은 편입니다. 아이가 책은 많이 읽는데 표현은 못하는 것 같다고 느낀다면 아이가 가진 수용어휘는 많은 반면 표현어휘는 부족한 경우입니다. 다양한 수용어휘가 표현어휘가 될 수 있도록 여러 가지 방법으로 아이의 어휘력을 늘려주면 아이의 표현력은 조금씩 성장하게 될 것입니다. 어휘력을 늘리는 가장 좋은 방법은 내가 읽는 책으로 수용어휘를 표현어휘로 바꾸는 것입니다.

두 번째는 책을 읽고 감상할 시간을 주지 않기 때문입니다. 책을 읽고 나서 감상과 생각을 정리하기 위해서는 시간이 필요합니다. 글쓰기는 글을 쓰는 목적에 따라 장르가 달라집니다. 책을 읽고 책의 감동과 생각을 타인에게 전달하기 위해 쓰는 독후감인지 혹은 누군가에게 이 책을 추천하기 위해 쓰는 독후감인지 그 목적에 따라 장르가 선택되는 것입니다. 아이에 따라 친구에게 편지를 쓰는 형식으로 이를 전달할 수도 있고, 책을 소개하는 글을 통해 책 내용을 정리하는 경우도 있습니다.

우선 책을 읽고 난 후 아이가 무엇을 느끼고 어떤 생각을 했는지 차분히 정리할 수 있도록 해주시고, 이후 무엇을 전달하고자 하는지 그 목적에 따라 글의 장르를 선택할 수 있도록 생각할 시간을 주세요. 그럼 더 이상 '아주 재미있었습니다', '참 재미있었습니다'로 일관된 독후감은 나오지 않을 겁니다.

쉬운 책만
읽으려고 해요

부모와 함께 읽는 시간을 가져주세요

한 강연장에서 만난 주하 엄마의 이야기입니다. 주하 엄마는 책을 무척 좋아하는 분입니다. 그런 엄마를 따라 유치원 때부터 도서관에 다닌 주하 역시 책을 좋아합니다.

초등학교에 입학할 때쯤 주하는 한글을 모두 터득하게 되었고, 그때부터 혼자 책을 읽기 시작했습니다. 엄마는 내심 아이가 직접 자신이 좋아하는 책을 골라 읽자 마음속으로 환호성을 질렀습니다. 태교 때부터 이어오던 책 읽어주기에서 '이제는 해방이다'라고 생각했거든요.

주하가 초등학교 3학년이 된 후, 엄마는 아이가 요즘 무슨 책을 읽나 살펴보았습니다. 그런데 아이가 초등학교 1학년 수준의 짧은 동화책만 읽는 것이었습니다. 엄마는 "좀 더 재미있는 책을 읽어볼까?"라고 말하며 제법 긴 동화책을 건넸습니다. 아이들이 꽤 좋아하는 책이었습니다. 하지만 주하는 책을 펼쳐보지도 않고 어려워서 읽기가 싫다고 손사래를 쳤습니다. 긴 동화책은 등장인물이 너무 많고 복잡해서 읽기가 어렵다고 합니다.

영유아기 때 책을 좋아했고 그때 충분히 읽어주었다고 생각했던 주하 엄마는 시쳇말로 멘붕이 되었습니다. 문해력은 기초를 탄탄히 해주면 아이가 터득해나가는 것이라고 생각했던 것이 자신만의 착각이었다는 생각이 들었다고 합니다. 그녀는 문해력은 한 번 만들어지면 스스로 알아서 커가는 것이 아닌지 궁금해했습니다.

영유아기 때 책을 잘 읽었던 주하의 문해력은 당시에는 아마 큰 문제가 없었을 겁니다. 오히려 또래보다 훨씬 월등했을 것으로 여겨집니다. 한글을 터득하기 전부터 엄마가 읽어주는 책을 읽었고 책을 읽으며 아이와 엄마가 다양한 이야기를 나누었을 테니까요. 그래서 엄마 역시 아이가 혼자 읽겠다고 했을 때 의심 없이 그렇게 하라고 말했을 겁니다. 주하는 글자를 알게 되면서 책을 향한 지적 욕구가 하늘을 찔렀을 겁니다. 내내 엄마가 읽어주는 책만 읽었기에 그 책을 본인이 직접 읽는 즐거움을 만끽하고자 했을 겁니다. 그래서 혼자 읽겠다고 했을 것이고요.

하지만 여기서 주하 엄마가 살짝 놓친 부분이 있습니다. 읽기는 단계별로 이루어집니다. 이제 막 글자를 읽게 된 주하는 읽기의 첫 단계인 해독 단계였습니다. 글자를 소리 내어 정확하게 읽으며, 단어와 문장들이 만들어내는 의미를 파악하는 것을 배워야 할 시기에 혼자 읽기를 시작하면서 주하의 문해력은 첫 단계에만 머물러 있게 된 것입니다.

읽는 방법은 책을 읽는 목적과 이유, 책의 장르, 언급된 어휘나 문장구조에 따라 다릅니다. 그래서 초기에는 아동에게 책을 읽는 방법을 하나씩 알려주어야 합니다. 특히 한글에 막 눈을 뜨기 시작한 때가 문해력을 잘 잡아주어야 하는 아주 중요한 골든타임입니다.

초등 저학년 때는 아직 글이 많지 않아 엄마가 보여준 읽기 방식으로 읽어가는 데 큰 어려움은 없습니다. 하지만 나이와 학년이 올라감에 따라 책도 점점 어려워집니다. 글의 양이 늘고, 점점 모르는 단어가 많아지고, 담긴 정보도 많아집니다. 읽기 수준이 엄마와 함께 읽던 시기에 머물러 있다면 읽는 것에 어려움을 겪을 것입니다.

문해력은 단계별로 나아갑니다. 글자의 소릿값을 알아야 하고 이를 읽고 그 의미를 정확히 파악할 수 있어야 합니다. 단어의 뜻을 알고 문장 속에서 어떤 의미로 쓰였는지 읽어내는 것이 중요합니다.

짧은 글을 읽다가 긴 글을 읽을 수 있어야 하고, 쉬운 단어에서 어려운 단어로 순차적으로 이해가 이루어져야 합니다. 특히 한글을 깨우치고 난 후부터 초등학교 4학년까지 문해력의 기초를 다지는 가장 중요한 시간이라는 것을 잊지 말아야 합니다. 이 시기 아이의 읽기를 이끌어주는 어른의 도움이 필요합니다.

아이가 한글을 막 터득하기 시작했을 때 바로 읽기 독립을 시키지 마시고 일정한 시간 엄마의 목소리로 책을 읽어주세요. 한글을 터득하기 전처럼 모든 책을 다 읽어주지 않으셔도 됩니다. 아이가 혼자 읽는 시간과 엄마가 읽어주는 시간을 적당히 잘 배분해서 아이가 책을 읽는 방법을 잘 익힐 수 있도록 도와주셔야 합니다. 그래야 긴 글이 나와도 글밥이 많아도 이야기나 정보가 복잡해져도 아이는 당황하지 않고 스스로 다양한 장르의 책을 읽어나갈 힘을 키우게 됩니다.

4장

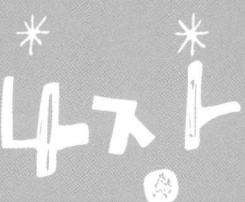

지속가능한 책 읽기를 위한 독서습관을 만들어라

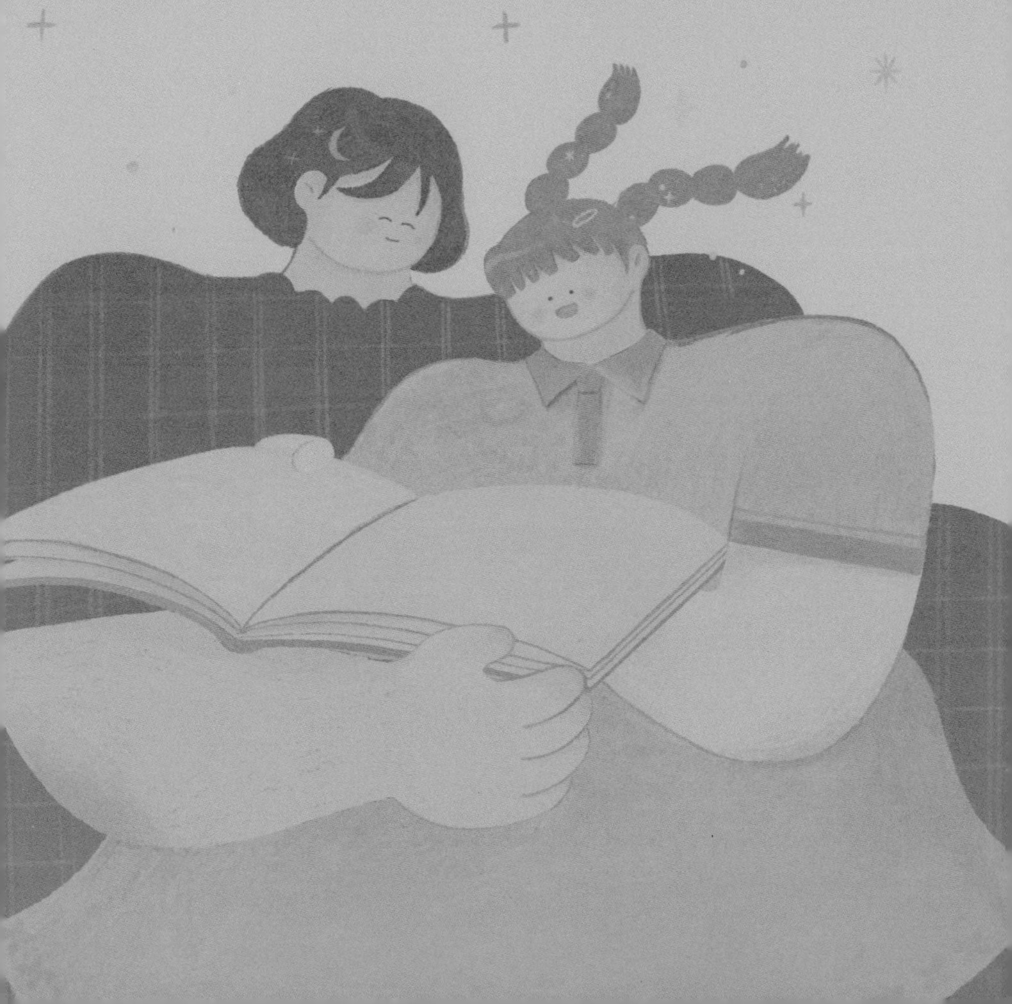

책 읽기 습관은
시간표 만들기부터

책 읽을 시간이 없어요

"책이요? 시간나면 읽지, 따로 책 읽을 시간이 어디 있어요?"

학부모 강의를 하다 보면 말문이 막힐 때가 있습니다. 예전보다 독서에 대한 부모들의 인식이 좋아졌다고는 하지만 이런 말을 들을 때마다 여전히 멀었다는 것을 느낍니다.

문화체육관광부 조사 결과, 초중고생의 연간 독서량은 34.4권으로 2019년과 비교하면 6.6권이 감소한 것으로 나타납니다. 또 독서하기 어려운 이유로는 '스마트폰, 텔레비전, 인터넷 게임 등을 이용해서'가 23.7%로 가장 많이 차지했고, 21.2%는 '교과 공부 때문에 책 읽을 시간이 없어서'였습니다. 독서 교육의 필요성을 말하는 것에 비해 독서의 생활화는 점점 멀어지고 있다는 것을 보여줍니다.

실제 학부모 강의나 교사 연수에서 '만약 다시 어린 시절로 돌아가서 이것만은 꼭 받고 싶은 교육이 있다면 무엇인가요?'라는 질문을 던지면 99% 이상이 독서나 글쓰기를 뽑습니다. 상급학교에 진학하고, 사회생활을 하고, 인생을 어느 정도 살아보니 독서와 글쓰기가 한 사람의 인생을 장기적으로 살펴보았을 때 얼마나 중요한지 충분히 깨달았기 때문일 것입니다. 하지만 막상 '내 아이에게 얼마나 책 읽을 시간을 주시나요?'라는 질문에는 대답을 회피합니다. 이해합니다. 자녀의 성적표 앞에서는 흔들리게 되는 것이 부모 마음이니까요. 그렇다면 정녕 이번 생에는 우리 아이들의 독서를 포기해야 할까요?

절대 독서 시간 만들기

하루 10~30분이라도 아이들이 책을 읽을 수 있는 시간을 만들어 주세요. 독서 시스템을 만드는 것이지요. 아이의 평생을 좌우하는 문해력의 기초가 되는 것은 독서 습관입니다. 책을 통해 문해력을 키우는 방법 외에 다른 획기적인 방법은 없습니다. 독서 습관을 위한 골든타임을 물어보는 부모님이 상당히 많습니다. 자녀의 독서 습관 골든타임은 부모가 아이의 시간표에 독서 시간을 얼마나 빨리 넣어주느냐에 달려 있습니다.

책 읽는 시간을 아이의 일과 중 하나로 만들면 아이는 '아, 세상에 태어나면 누구나 책을 읽는 시간을 가지는구나'라는 생각을 합니다. 아니 그렇게 알게 됩니다. 그렇게 읽기를 통해 자연스럽게 세상을 배우고, 다시 직접 경험을 통해 아이만의 생각을 만들어가는 것이 문해력입니다. 새 학년 새 학기 학원 스케줄이나 시간표를 작성할 때 독서 시간을 꼭 마련해주세요.

아이에게 맞는 독서 시간은 유·초등의 경우는 잠자기 전이 가장 효과적입니다. 잠들기 1시간에서 30분 전 목욕을 마치고, 다음 날 준비를 모두 끝내고 엄마와 아빠가 함께 하는 가족 그림책 독서 모임을 시작합니다. 각자 읽고 싶은 책을 골라와도 좋고, 서로 약속한 책을 가져와도 좋습니다. 번갈아 가면서 책을 선정해도 좋습니다. 중요한 건 아이의 독서 습관을 만드는 것입니다. 잠들기 전 독서 습관이 잘 만들어진 아이는 중고등학생이 되어서도 잠자기 전 짧게라도 책을 읽으려고 합니다.

독서는 '시간 날 때' 틈틈이 하는 것이 아니라 '일정한 시간'을 확보해서 하는 것입니다.

독후 시스템도 함께 만들자

아이의 독서 시간표를 만들었다면 구체적으로 어떤 책을 읽었는지 스스로 쓰고 체크할 수 있도록 작은 표도 하나 만들어주세요. 이

것이 힘들면 벽에 하얀색 도화지를 붙어두고 아이들이 맘껏 적게 하거나 날짜만 적어주세요. 아니면 책 제목이라도 적게 합니다. 아직 한글이 서툰 영유아의 경우는 책 제목을 말하게 하는 것도 좋습니다. 간단한 낭독이나 느낀 점 말하기, 독서 그림일기 등을 해놓으면 나중에 훌륭한 독후 자료가 됩니다.

'가랑비에 옷 젖는다'라는 말이 있습니다. 유·초등부터 매일 하루 10분이라도 책을 읽은 아이와 아닌 아이는 분명 글쓰기, 사고력, 추리력, 논리력 등에 엄청난 차이를 보이게 됩니다. 물론 이 모두를 통합한 문해력에 막대한 영향을 주는 것은 말할 필요도 없습니다.

독서로
공부 로직 익히기

독서 바다에 풍덩 빠지기

앞서 하루 10분에서 30분 정도 정해진 시간에 책을 읽을 수 있도록 독서 시간표를 만들어보자고 제안했습니다. 하지만 독서를 진득하게 해보신 분들은 잘 알겠지만 책이란 것이 한번 빠져들게 되면 헤어 나올 수 없기도 합니다.

주말에 늦은 아침을 먹고 도서관이나 서점 나들이를 가보세요. 느긋하게 주말 오전을 도서관이나 서점에서 빈둥거리는 것, 어떤 체험학습보다 낫습니다.

예를 들어 아이가 광개토태왕에 대한 책을 읽었다고 가정해봅시다. 이를 통해 고구려에 대한 역사로 관심의 폭을 넓힐 수도 있고 우리나라 영토에 대한 다양한 읽을거리를 찾을 수 있습니다. 단순히 한 명의 인물을 다룬 책이 아이에게 역사에 대한 새로운 흥미와 호기심을 불러일으키는 단서가 되는 것입니다.

많은 학자들은 요즘 아이들이 공부를 어려워하고 힘들어하는 이유에 대해 이야기합니다. 공부는 직접 찾아보고 탐구하는 과정을 통해서 얻어집니다. 하지만 요즘 공부 자료는 대부분 너무 친절합니다. 사전을 찾지 않아도 뜻이 이미 제공되고, 관련 보충자료들도 너무나 잘 정리되어 일부러 찾을 필요가 없는 경우도 허다합니다.

독서로 공부 로직을 알아간다

공부를 잘한다는 것은 내가 아는 것과 모르는 것을 명확하게 구분할 수 있고, 모르는 것을 차츰 줄여 나가기 위해 그것들을 직접 찾아보는 힘이 크다는 것입니다. 책을 많이 읽은 아이들은 자연스럽게 이런 '공부 로직'을 습득하게 됩니다.

독서를 통해 습득되는 '공부 로직'은 전집이나 백과사전류의 정보책을 무작정 읽는다고 습득되는 것이 아닙니다. 직접 도서관이나 서점에 가서 책이 많이 비치된 서가에서 책 제목, 목차를 살펴보고 현재 자신이 알고 있는 지식과의 연관성을 따져보는 것에서 시작됩니다. 이를 자신만의 방법으로 조합, 재구성하면서 '나만의 지식 체계인 공부 로직을 형성'하는 것입니다.

성인의 경우는 이런 것들이 다년간의 경험을 통해서 체득되기도 하지만 아이들의 경우는 단순히 '아, 이거 재미있겠다.' 혹은 '이게 집에 있는 공룡 책하고 제목이 비슷하네', '이 책 아까 책하고 그림이 비슷하다' 등 다양한 경험을 통해 습득되는데 이런 현상은 많은 책을 접해봐야 이루어집니다.

이런 일련의 과정을 거쳐야 형성되는 공부 로직은 절대 '부모'가 대여해 주는 책으로는 이루어질 수 없습니다. 시간을 내서 일부러 도서관이나 서점에서 그냥 빈둥거리게 해야 합니다. 잠시 발도장만 찍고 가는 도서관, 서점 방문으로는 이루어질 수 없습니다.

하루쯤은 아이가 집에 가자고 할 때까지 도서관이나 서점에서 그냥 놀게 해보세요. 그러다 보면 이것저것 다양한 책들을 만져보고, 읽어보면서 자신만의 '지식 로직', '공부 로직'을 만들게 됩니다. 그러기 위해선 일단 아이들에게 하루쯤 시간을 충분히 주세요.

눈물의 도서관
셔틀 끝내기

저는 아침 일찍 도서관 열람실에 가는 것을 즐깁니다. 도서관이 문을 열자마자 알싸한 찬 공기와 열람실 문을 가로지르며 다가오는 '책 냄새'는 마치 제가 엄청난 교양인이 된 듯한 착각마저 일게 합니다. 하지만 어린이 열람실의 사정은 다릅니다. 오전 9시를 지나 10시쯤 되면 어린이 열람실은 한바탕 북새통을 이룹니다. 아이들로 가득 차야 할 열람실은 주말이나 공휴일이 되면 커다란 마트 가방을 멘 부모들로 인산인해입니다. 특히 방학의 시작과 끝에는 도서 검색대에 꽤 긴 줄을 서야 하는 날도 많습니다.

워킹맘인 혜선 씨 역시 주말 아침마다 집 근처 도서관으로 향합니다. 아이와 남편이 늦잠을 만끽할 시간, 평일 내내 열심히 찾은 다양한 필독서 목록을 한 손에 들고, 연신 책을 찾습니다. 그리고 집에 가 아이에게 한 아름 안겨 줍니다. 여기까지는 참 아름다운 풍경이 아닐 수 없습니다.

하지만 왜 슬픈 예감은 틀린 적이 없을까요? 아이는 매주 엄마가 빌려다 주는 도서관 책들에 크게 흥미를 보이지 않습니다. 엄마는 억울합니다. 자신도 주말 아침 늘어지게 늦잠을 자고 싶지만 자식을 위해 잠도 안 자며 한 일인데 말입니다. 엄마 마음도 모르고 2주 후 대여한 책 중 대부분이 그대로 도서관 반납기로 빨려 들어갑니다.

어쩌면 혜선 씨는 이미 답을 알고 있는지도 모릅니다.

"엄마가 빌려 온 책은 다 재미없어요."

한 초등학교에서 있었던 작가와의 만남에서 아이들이 앞다투어서 하는 말입니다. 부모가 주말 늦잠도 반납한 채 빌려 온 책이지만 아이들에게는 그저 '재미없는 책'입니다.

도서관에서 반납 시기를 알려주는 문자가 오면 엄마의 마음은 더 바쁩니다. 예약이라도 걸려있는 유명한 책이면 아이에게 빨리 읽으라고 종용합니다. 이 굴레는 아이들이 더 '도서관 셔틀 책'을 싫어하게 되는 계기가 됩니다. 아이들이 책과 멀어지는 지름길을 고스란히 밟아가고 있습니다.

"제가 읽고 너무 감동받았는데 아이는 전혀 감흥이 없더라고요."

더불어 부모의 입장에서 감동적이고 좋은 책도 아이들의 입장에서는 재미없는 책이 되기도 합니다. 아이의 책을 고를 때는 아이의 수준보다 약 30% 정도 높은, 적당히 어려움을 느낄만한 책을 고르는 것이 좋습니다. 너무 쉬운 책은 아이들이 별 감흥을 느끼지 못합니다. 너무 어려운 책은 아예 흥미를 갖지 않기도 합니다. 적당히 어려워 도전의식이 생기는 그런 책이 아이에게 가장 적당한 책입니다.

도서관에서 책을 빌릴 때는 너무 많은 책을 빌려다 주지 마세요. 일주일에 2, 3권 정도 아이가 꼭 읽었으면 하는 책으로 엄선해서 골라주세요. 결핍과 기다림은 인간에게 또 다른 흥미를 유발하게 합니다. 남은 대여 권수로는 부모의 책을 빌려보는 것을 적극적으로 권해드립니다.

독서에 대한
좋은 기억 쌓기

독서를 벌로 사용하지 마세요

동네 도서관 어린이 열람실에서 신간 그림책을 보다가 이런 말이 들려 화들짝 놀랐습니다.

"너 계속 그렇게 숙제 안 하면 오늘 책 10권 읽어야 해!"

이 말소리의 근원지를 찾아 열람실 곳곳을 쏘아보았습니다. 한 아이와 엄마가 어린이실 책상에 앉아 있었습니다. 엄마는 앞에 놓인 노트북을 뚫어져라 쳐다보고 있고, 아이는 그 옆에서 학습지를 풀고 있습니다. 아마도 아이를 데리고 어린이 열람실에서 공부를 시키고 있었던 모양입니다. 도서관 곳곳에서 학습지나 문제집을 푸는 아이들이 많아졌습니다. 학원과 학원을 오가는 시간, 틈을 내어

도서관을 찾았지만 밀린 다음 학원 숙제가 먼저지요. 사실 열람실에서는 책을 읽는 것이 정석입니다. 어떤 도서관은 열람실 내에서 학습지를 풀거나 시험 공부를 하는 것을 아예 금지시키기 위해 필기도구 외에는 열람실에 가져갈 수 없는 곳도 많습니다. 하지만 어린이실에 들어와 가방에서 자연스럽게 문제집을 꺼내서 풀고 있는 아이들의 모습을 보면 사서 선생님들도 아이들을 마냥 제재할 수 없다고 합니다.

한 초등학교에서 있었던 강의 중에 아이들과 '나의 슬기로운 독서 생활을 방해하는 것들'이라는 주제로 이야기를 나눴습니다. 그때 아이들이 1위로 꼽은 것이 무엇인지 아십니까? 바로 '숙제'였습니다. 학교 숙제, 학원 숙제에 이어 엄마, 아빠 숙제까지. 요즘 아이들은 숙제가 참 많습니다.

한 교육청에서 연수할 때 한 선생님께서 이런 말씀을 하시더라고요.

"요즘 학교에서는 숙제를 많이 내주지 않아요. 아이들이 해야 할 숙제가 너무 많아서 학교 숙제까지 내기가 미안해서요."

원래 숙제 발행(?) 장소는 학교인데 주객이 전도됐습니다.

밀려드는 아이의 숙제에 책 읽기가 상이 될 수는 없겠지만, 최소한 벌이 되어서는 안 됩니다. 앞서 언급된 아이에게 독서는 자신이 숙제를 다 하지 못해 얻게 된 일종의 '벌'입니다. 책을 잘 안 읽는 아이들에게 책을 읽게 한다는 명목 하에 독서를 '벌'처럼 부여하는 부모들이 의외로 많습니다. 물론 아이가 책을 의무적으로라도 열심히 읽게 하고 싶은 부모의 간절한 마음이었다는 것은 압니다. 하지만 어른의 행동 하나가 한 아이에게 평생 '책'과 친해질 수 없는 사건이 될 수도 있습니다. 그렇다고 아이의 모든 문제를 부모의 탓으로 돌리고 싶지도 않습니다. 이 모든 것이 아이를 걱정하고 사랑하는 '부모의 마음'일테니까요.

보상으로 독서를 유도하지 마세요

반대로 독서를 위해 금전적인 보상이나 영상시청 확보를 약속하는 부모들도 많습니다. 아이들의 장시간 스마트폰 게임과 유튜브 영상 시청을 막기 위해 일정한 분량의 '독서'를 해야만 스마트폰을 쓰게 하는 방법이지요.

"스마트폰 게임 하고 싶으면 책 3권 읽어야 해."

"유튜브 보려면 책 2권 읽고 봐."

'핸드폰을 하기 위해서 책을 읽어야 한다'는 명제는 언뜻 들으면 책을 읽으면 주어지는 보상(휴대폰 사용)처럼 보이지만 이것은 엄밀히 '벌'에 가깝습니다.

위의 말을 반대로 생각해보면 이유는 금방 찾을 수 있습니다. 책을 읽지 않으면 유튜브 영상 시청이나 좋아하는 게임을 할 수 없기 때문입니다. 벌의 사전적 의미는 잘못하거나 죄를 지은 사람에게 주는 고통이기도 하지만 행위를 금지하기 위해서 또는 습관을 피하기 위해서 주는 불쾌한 자극입니다. 그러므로 아이들 입장에서 즐거운 스마트폰의 사용을 막기 위해 행사되는 '독서'는 '불쾌한 자극' 즉, '벌'이 되는 것입니다. 용돈 역시 같은 원리입니다. 이외에도 우리가 일상생활 속에서 무심코 쓰는 행동과 말속에 아이들이 책을 멀리하고 거부하게 하는 것들이 즐비합니다.

독서에 대해서는 아이들에게 좋은 기억만 남겨야 합니다. 부모 세대와 달리 지금의 아이들은 태어나면서부터 손만 뻗으면 볼거리, 들을 거리가 차고 넘치는 세상에 살고 있습니다. 일부러 찾지 않아도 눈만 돌리면 그것들을 취할 수 있고, 손가락 하나면 뭐든 열리는 세상입니다.

부모 세대와 같은 혹은 비슷한 잣대로 아이들을 대하면 절대로 안 됩니다. 스마트폰 사용을 자제시키거나 유튜브 영상을 보지 못하게 하는 것은 부모와 아이가 함께 만들어 가야 할 약속이자 규칙입니다. 거기에 '불쾌한 자극'의 요소로 독서라는, 책이라는 신성한 매체를 제발 엮지 말아주세요. 이것은 아이들에게 더욱더 독서와 멀어지게 하는 가장 큰 부모의 실수입니다.

칭찬이 가장 좋은 동기부여

아이가 책을 읽으면 무조건 책을 읽은 행위와 그 과정에 대해서 칭찬하세요. 영어나 수학학원에서 아이의 레벨이 올라가 수강료가 더 비싸지거나 시간을 옮겨야 하면 부모들은 기쁜 마음으로 수강료를 지불하고, 심지어 그 어려운 레벨테스트를 통과한 아이들에게 평소 갖고 싶었던 물건을 사주기도 합니다. 아이가 행여 제 학년보다 높은 난이도의 문제를 푼다고 하면 만사 제치고 아이를 응원하고 독려합니다.

하지만 독서는 어떤가요? 방학 과제로 수십 편의 독후감을 쓰거나 독서록을 채워가도 '잘했어' 한 마디뿐입니다. 학교 역시 마찬가지입니다. 영어, 수학은 말하기대회, 경시대회 등등 각종 대회로 아이들을 독려하지만 독서는 독서 퀴즈대회나 백일장이 전부입니다. 아이들이 독서를 싫어하고 책을 멀리하는 이유는 독서에 대한 '좋은 경험'이 없기 때문입니다.

아이들에게는 어른들처럼 다양한 독서를 할 이유가 없습니다. '자기 계발'의 목적이 있는 것도, '지식 습득'의 당면 과제가 있는 것도 아닙니다. 물론 '입사 시험'이나 '교양 함양'이라는 타이틀도 없습니다. 아이들에게 당장 왜 책을 읽어야 하는지 가슴 깊이 와닿는, 절실한 이유는 사실상 없습니다. 좀 유난스럽다고 해도 독후감을 쓰거나 책을 읽는 아이의 모습이 발견되면 그 즉시 그 자리에서 세상에서 가장 '바보 같은' 부모가 되어 보세요.

'딸바보', '아들바보'라는 말이 있습니다. 그 말들 앞에 '책 읽는',

'독서하는'이라는 말을 붙여두고 아이들이 책을 읽으면 무한 칭찬, 폭풍 오열, 외식도 한번 거하게 해보세요.

"우리 아이가 오늘 책을 너무 열심히 읽어서 외식합니다!"

이런 말이 자주 들렸으면 합니다. 학부모님들께 강력하게 권합니다. 어떤 행위에 대한 벌칙으로 책 읽기나 독서를 시키지 말아주세요.

책을 3권 읽으면 게임을 시켜준다거나 '약속을 안 지켰으니 책을 읽어라'라는 식의 부정적인 행위에 대한 피드백으로 독서를 권하게 되면 아이는 책 읽기를 당연히 싫어하게 됩니다. 책에 대한 좋은 기억과 과한 칭찬만 주셔도 부모로서 할 도리를 다한 것입니다.

방학 필독서,
교과서 수록·연계 도서로
다음 학기 예습하기

"작가님, 꼭 읽어야 할 책 제목만 몇 개 알려주세요."

어디서든 빠지지 않는 질문입니다. 아이들에게 반드시 읽혀야 할 독서 목록을 꼽으라면 일단은 '해당 학년의 교과서 수록 도서나 연계 도서'입니다. 새 학년이 되는 겨울방학에는 다음 학년 학기의 교과 수록 도서나 연계 도서를 읽히고, 여름방학에는 2학기 도서를 읽히면 됩니다. 교과서는 학년별, 연령별로 아이들이 꼭 알아야 할 주제를 담아놓은 좋은 콘텐츠입니다. 무엇보다 교과서는 다음 학년 혹은 상급학교에서 배우는 과목들과 연계성이 높기 때문에 제 학년에 배워야 할 것들은 제대로 다져놓지 않으면 그 부분에서 '구멍'이 생길 수 있습니다.

각 학년 교과 수록, 연계 도서는 각 교과목 참고서를 사면 바로 앞장 또는 교과서의 맨 뒷장에서 친절하게 단원별로 잘 정리되어 있습니다. 그것들은 잘 정리해두거나 사진을 찍어 두고 도서관이나 서점에 갔을 때 미리미리 준비해두면 좋습니다. 막상 방학이 되어서 중고서점이나 도서관에서 이 책들을 찾으려면 찾기 힘들기 때문이죠. 세상에 부지런한 엄마, 아빠들이 의외로 많습니다. 이 부분은 반드시 최소 방학 3주 전에는 준비하는 게 좋습니다.

교과서 수록, 연계 도서를 읽게 되면 자연스럽게 다음 학기 예습이 이루어질 뿐만 아니라 교과서에 실린 내용 외에도 관련 내용을 함께 읽기 때문에 자연스럽게 지식 확장이 가능해집니다. 교과서는 지면의 한계상 작품이나 책의 전문을 실을 수 없습니다. 특히 고학년으로 올라갈수록 글밥이 많은 책이 수록될 경우 필요한 부분만 교과서에 싣는 경우가 많으니, 방학을 이용해서 작품이나 내용의 전문을 읽게 하는 것이 필요합니다.

실전,
그림책 문해력 수업

그림책 문해력 수업은
이렇게 진행됩니다

이번 장에서는 아이의 문해력 기초 연습에 도움이 되는 22권의 그림책을 소개합니다. 좋은 그림책이 수없이 많지만, 문해력 연습에 가장 효과적이라고 생각한 그림책들을 엄선했습니다. 그리고 아무리 좋은 그림책이라 할지라도 구하기 어렵다면 문해력 연습을 하는데 적합하지 않다고 생각했습니다. 활동하는 데 어려움을 느낄 수 있기에 최대한 구하기 쉬운 책들로 구성했고, 수록된 그림책 외에 비슷한 장르나 유형의 그림책은 같은 방법으로 읽어주면 됩니다.

22권의 책은 아이들이 문해력을 통해 함양시켰으면 하는 '공감능력', '자기표현력', '자기주도성'을 주제로 나눠보았습니다. 자신의 감정을 표현하고 타인의 감정을 잘 읽는 '공감능력을 키우는 문해력 그림책', 이야기를 읽고 표현해내는 '자기표현력을 키우는 문해력 그림책', 자신의 생각을 잘 정리해 삶을 주도적으로 이끌어가는 '자기주도성을 키우는 문해력 그림책'입니다.

22권의 그림책은 목차 순서와 관계없이 내 아이에게 지금 필요하다고 생각되는 부분들을 먼저 시도해봐도 좋습니다.

그림책을 읽어주어야 하는 부모 혹은 교사가 그림책을 어떻게 읽어줘야 할지 그 방법들을 자세하게 실었습니다. 그림책에 대한 전체적인 설명과 아이에게 읽어주면서 할 수 있는 다양한 질문, 문해력 관련 활동들을 사례별로 담아냈습니다. 더불어 책을 읽고 꼭 해주면 좋을 질문들을 뽑아놓았습니다. 마지막으로 그림책 문해력의 마지막 단계인 책을 읽고 자신의 생각을 표현할 수 있는 방법을 안내했습니다. 이 단계에서는 말이든 글이든 무엇으로든 자유롭게 하면 됩니다. 반드시 글로 정리할 필요는 없습니다. 아이가 원하는 방향으로 할 수 있도록 지도해주면 됩니다.

단, 아이에게 읽어줄 그림책은 낭독자가 미리 읽어보기를 권합니다. 그래야 더욱더 실감나는 책 읽기가 가능하고, 아이에게 한 권이라도 제대로 읽어줄 수 있기 때문이다.

"오늘은 어떤 책을 읽어줄까?"

가능하면 문해력 연습용 책은 아이가 직접 고르게 하면 좋습니다. 여러 번 강조하지만 책은 개인의 관심과 호기심이 절대적인 콘텐츠입니다. 몇 권의 책을 놓고 읽고 싶은 책을 고르는 순간부터 아이의 호기심과 관심이 커진다는 사실을 잊지 말고 가능하면 아이가 직접 책을 고를 수 있도록 도와주세요.

아이가 책을 골랐다면 책의 표지를 먼저 보고 이야기를 나눕니다. 표지의 제목과 그림을 통해 아이의 생각과 책의 실제 내용이 어떤지 맞춰 보면서 아이의 흥미를 최대한 끌어올립니다.

단, 아이가 표지나 제목에 반응이 없을 수 있습니다. 이것은 개인 취향의 문제일 수도 있으니 너무 염려하지 않으셔도 됩니다. 첫 페이지부터 순차적으로 천천히 그림책을 읽습니다. 이때 아이의 상황에 따라 한 쪽씩 아이와 번갈아 가면서 읽어도 되고, 부모나 교사가 처음부터 끝까지 읽어도 관계없습니다.

아이에게 그림책을 읽어주기 전에 부모님이 먼저 이 그림책을 한 번 읽고, 아이에게 읽어주기를 다시 한번 강조합니다. 알고 읽어주는 것과 모르고 읽어주는 것은 차이가 큽니다. 한 권을 읽어주더라도 제대로 읽어주는 것이 '부모표 문해력'의 핵심이니 이 점을 꼭 기억해주세요.

그림책을 읽어주는 특별한 방법은 현란한 기술이 아닙니다. 아이에 대한 사랑과 관심 그것이면 충분합니다.

공감능력을
키우는
그림책 문해력
수업

내가 진짜 하고 싶은 말은요…

『혼나지 않게 해 주세요』
글 구스노키 시게노리 | 그림 이시이 기요타카
역자 고향옥
베틀북
어휘력 # 감정표현 # 공동생활

문해력 포인트 어휘력은 문해력의 기초

"언니, 나 정말 미치겠어요."

'여보세요'를 할 새도 없이 깊은 한숨과 함께 걱정을 쏟아내는 지인은 올해 초등학교 입학을 앞둔 다윤이라는 예쁜 딸이 있습니다.

"왜 그래? 다윤이 입학 준비는 잘 되고 있어?"

"다윤이가 문제예요. 지금."

얼마 전부터 다윤이는 학교에 가고 싶지 않다고 계속 유치원만 다니면 안 되냐고 묻는다고 합니다. 처음에는 장난인 줄 알았지만 며칠 전에는 눈물을 뚝뚝 흘리며 진지하게 정말 학교에 다니고 싶지 않다고 목놓아 이야기했다고 합니다. 처음에는 유치원 선생님, 친구들과 헤어지는 것이 아쉬워서 그러려니 했지만 입학통지서가 나오고, 3월이 가까워지자 더욱더 강하게 입학을 거부하는 다윤이의 모습을 보며 걱정이 한가득이라고 합니다.

"왜 그러는 건지 진지하게 물어봤어?"

"물어봤지. 그랬더니 글쎄, 영어학원버스에서 언니, 오빠들이 하는 이야기를 들으니 학교는 밥도 빨리 먹어야 하고, 공부도 잘해야 하고, 무엇보다 친구들끼리 수업시간에 조금만 떠들어도 선생님께 '혼'나는 무시무시한 곳이라고 말하는 걸 들었다는 거야."

괜찮을 거라며 지인의 마음을 달래주었지만 한참을 생각하고 보니 아이의 입장에서 충분히 납득이 가는 일이었습니다. 우리가 느끼기에도 학교와 유치원의 온도 차이는 크니까요.

그림책 『혼나지 않게 해 주세요』는 자주 혼나는 한 아이에 관한 이야기입니다. 주인공 '나'는 학교에서 매일 혼이 납니다. 혼날 때마다 자신도 하고 싶은 말이 많지만 말을 더하게 되면 더 혼이 날까 봐 입을 꾹 다뭅니다. 그러다 보니 아이는 자신이 '나쁜 아이'처럼 느껴집니다.

자주 혼나는 아이들의 마음은 위축되어 있습니다. 위축된 마음은 긴장으로 드러나고, 높은 긴장은 아이의 행동을 더디게 합니다. 더딘 행동은 단체활동과 학습이 이루어지는 학교생활에 큰 지장을 초래합니다. 무엇보다 이런 상황이 반복되면 아이의 자존감은 급격히 떨어지고, 또래 친구들과의 관계에서도 어려움을 겪게 됩니다. 그러다 보면 이 그림책 속의 '나'처럼 자신을 '나쁜 아이'로 오인할 수도 있습니다.

혼이 난다고 해서 결코 나쁜 아이는 아닙니다. 학교에 다니면서 '혼'이 날 수 있습니다. 학교는 많은 아이들이 함께 일정한 시간에, 일정한 수업을 받는 공간입니다. 지켜야 할 규칙, 해서는 안 되는 일들이 차고 넘칩니다. 이를 어기면 '혼'이 날 수도 있습니다.

하지만 '혼 나는 것', 즉, 꾸지람에는 다양한 의미가 있습니다. 아이가 학교라는 작은 사회에 잘 적응했으면 하는 마음, 공동생활에서 지켜야 할 규칙을 잘 지켰으면 하는 마음, 이런 일련의 과정을 겪어내며 앞으로 맞이하게 될 더 큰 세상에서 좀 더 당당하고 씩씩한 '사회'의 일원으로서 한몫을 해 나갈 수 있기를 바라는 어른들의 마음이 있다는 것을 아이가 충분히 이해하도록 자세히 설명해주시면 좋습니다.

📖 어떻게 읽어야 할까?

그림책을 읽기 전, 제목과 표지를 보고 이야기를 나눠주세요.

"다윤아, 이 책 제목은 '혼나지 않게 해 주세요'야. 표지 그림을 한 번 보렴. 주인공 아이가 잔뜩 화가 난 듯한 표정이네. 과연 어떤 내용일까?"

아이의 상상이 끝나면 함께 간단한 이야기를 나눈 후 본격적인 읽어주기에 돌입합니다.

이 책은 주인공 '나'의 관점에서 가정과 학교생활 중에 있었던 일을 담고 있습니다. 서술 방식 역시 주인공이 느꼈던 감정과 생각을 그대로 글에 담았습니다. 독백에 가까운 서술 방식이기에 아이들에게 이 책을 읽어줄 때는 최대한 주인공 '나'가 되어주세요. 초등학교 3학년 정도의 남자아이가 되었다고 생각하면서 실감나게 읽어주면 아이들이 이야기에 흠뻑 몰입할 수 있을 겁니다. 특히 주인공 '나'가 자신의 속마음을 표현한 부분에서는 더욱더 아이의 감정에 이입해서 읽어주세요. '실감나게' 읽는 것은 이 책을 가장 잘 이해하게 도와주는 감상 포인트입니다.

선생님이 달려오더니 나만 혼냈어.
"또야?"
(쟤네 둘이 먼저 약 올렸단 말이에요.)
"친구를 때리면 못써!"
(하지만 쟤들이 먼저 '끼워줄 수 없어'라고 했어요. 그건 내 마음을 때린 거나 마찬가지라고요.)

"'나'처럼 학교나 집에서 자주 '혼'난다면 기분이 어떨 것 같아?"

부모의 어린 시절 이야기를 자연스럽게 꺼내주세요

성장을 하면서 누구나 어른들로부터 '혼'이 날 수 있습니다. 혼이 나면 아이들의 불안감과 긴장감은 높게 치솟습니다. 그래서 그림책 주인공인 '나'처럼 자신이 하고 싶은 말을 제대로 하지 못하는 경우가 발생합니다. 아이가 이런 모습을 보이면 부모는 어떻게 해야 할까요? 이럴 경우 아이에게 가장 좋은 방법은 부모의 어린 시절 이야기를 들려주는 것입니다. 성장을 마친 엄마, 아빠 역시 어린 시절 비슷한 이유로 선생님께 혼난 기억이 있다는 것을 알려주세요. 혼난 경험은 있지만 다 자란 지금, 엄마, 아빠가 절대 '나쁜 사람'이 되지 않았음을 아이에게 인지시켜주는 겁니다.

"다윤아, 엄마도 3학년 때인가, 숙제를 깜빡 잊고 학교에 가져가지 못했어. 그래서 선생님께 크게 혼난 적이 있었어. 또 2학년 때인가, 학교에 지각해서 혼난 적도 있어. 그때 엄마가 '나쁜 아이'였을까? 혼이 났을 때는 그다음이 중요해. 내가 왜 혼났는지 기억하고 그 행동을 잘 살펴본 후 다시는 그런 행동을 하지 않도록 주의하면 돼."

주인공 '나'처럼 더 혼날까 봐 침묵하고 속으로만 가슴앓이 하는 것은 좋은 방법이 아닙니다. 혼나더라도 자신이 해야 할 말은 꼭 하고,

자신의 잘못된 점은 무엇인지 스스로 파악할 수 있는 시간을 갖게 해 주어야 합니다. 학교에서 미처 말할 수 없었다면 가정으로 돌아와 부모에게 꼭 이야기할 수 있도록 알려주어야 합니다.

부모님이 속상해할까 봐, 더 혼이 날까 봐 집에서나 학교에서 있었던 일을 말 못 하는 어린이들이 꽤 많습니다. 부모는 항상 아이와 학교생활의 어려움에 대해서도 터놓고 이야기할 수 있는 존재가 되어야 합니다. 선생님께 혼난 일뿐만 아니라 친구들과의 관계, 공부의 어려움 등 여러 가지 고민을 함께 나눌 수 있어야 해요.

불편했던 일, 속상했던 일도 이야기할 수 있게 주세요

부모는 아이에게 학교에서 즐거웠던 것, 재미있었던 것만 물어봅니다. 하지만 때로는 '속상했던 일'이나 '아쉬웠던 일', '마음 불편했던 일'은 없었는지 물어보세요. 엄마, 아빠는 너의 든든한 학교 선배이자 세상의 선배라는 사실을 아이가 잊지 않도록 말입니다.

억울한 마음을 밖으로 표출하지 못하고 그림책 속의 '나'처럼 애써 괄호 안에 꾹꾹 눌러 담는 것은 결코 좋은 습관이 아닙니다. 혹 내 아이도 이렇게 억울한 마음, 속상한 마음을 주인공 '나'처럼 표현하지 못하고 있는 것은 아닌지 아이와 책을 통해 깊은 대화를 나눠보세요.

다양한 상황의 질문을 통해 아이가 꼭 하고 싶었지만 못 했던 이야기를 말과 글로 표현할 수 있도록 도와주시는 것도 좋은 방법입니다. 이때 아이의 심리 상태를 너무 추궁하듯 강요하거나 몰아붙이면 안 되는 것 아시죠?

📖 그림책 깊이 읽기

『혼나지 않게 해 주세요』의 주인공 '나'는 혼이 나면 입을 다물어 버립니다. 말을 해서 더 혼나게 될까 봐 그러는 것인데요. 여러분이 주인공과 같은 상황이라고 생각하고 아래를 참고해서 하고 싶었던 말을 표현하도록 해보세요.

> **다른 사람이 한 말:** "동생에게 양보해 줘, 언니잖아."
> **그때 나의 감정:** 내 건데 왜 동생에게 줘야 해요? 나도 이거 갖고 싶어요.
> **다른 사람이 한 말:** "형에게 누가 그렇게 덤비래!"
> **그때 나의 감정:** 형이 먼저 발로 차고 나쁜 말하고 갔단 말이야!

📖 세상 쉬운 부모표 문해력 연습

『혼나지 않게 해 주세요』에는 다양한 감정 단어들이 숨어있습니다. 아이가 책에서 직접 감정을 나타내는 단어나 문장을 찾아보게 해주세요. 책에 동그라미를 쳐서 표시해도 좋습니다. 그리고 그 감정 단어나 문장을 활용해서 한 줄 문장을 만들어보도록 해주세요. 저학년의 경우 감정 단어는 부모가 함께 찾고, 문장 만들기는 아이가 하도록 하는 것도 좋습니다.

> 책 속 감정 단어 찾기 → 해당 단어를 넣어 듣고 싶거나 하고 싶은 말 적기
> **싫어!** → 난 오늘 공부하기 **싫어!**
> **늘 화난 얼굴이야!** → 엄마는 내가 텔레비전을 보면 **늘 화난 얼굴이야!**
> **나쁜 아이** → 난 **나쁜 아이**가 아니에요.
> **착한 아이** → 엄마가 **착한 아이**라고 칭찬해주면 기분이 좋아요.

📖 문해력 활동 후 부모의 생각 한 줄

아이가 재미있어 했던 질문이나 활동 혹은 어려워했던 부분에 대한 생각을 남겨보세요.

문해력 키우는 확실한 Tip

그림책에 나온 단어를 활용한 문장 만들기

그림책을 읽는 것에만 그치지 말고 그림책에 나온 단어들을 활용해서 재미있는 문해력 놀이를 해보세요. 특히 아이들이 힘들어하는 감정 단어의 경우 그림책에 언급된 상황을 통해 자연스럽게 익힐 수 있어요. 또 여러 단어를 찾아 다양한 문장을 직접 만들어 보면 문장 응용력이 높아집니다. 이 활동은 단어의 뜻을 보다 구체적으로 인지하여 어휘력 확장에도 큰 도움을 줍니다.

다시 만날 때까지 우리 신나게 놀자

『**우리는 언제나 다시 만나**』
글 윤여림 | 그림 안녕달
위즈덤하우스
\# 상상력 \# 건강한 분리 \# 입학

문해력 포인트 책을 읽으며 구체적으로 상상하기

    육아를 할 때 가장 힘든 순간은 아마도 아이가 잠시도 나와 떨어지지 않으려고 할 때가 아닌가 싶습니다. 잠시 화장실에 가는 것마저 허락을 구해야 하고, 허락을 구해도 연신 불안해하며 화장실 문을 두드릴 때면 정말 눈앞이 캄캄해집니다. '이 길고 긴 육아는 대체 언제 끝나는 걸까'라는 생각과 함께요. 불현듯 『우리는 언제나 다시 만나』라는 그림책을 좀 더 일찍 알았다면 참 좋았겠다라는 생각을 합니다.

    "세영아, 이제 열 밤만 자면 세영이도 어린이집에 다니게 돼. 어린이집에 가면 재미있는 장난감도 많고, 친구들이랑 선생님도 계셔. 재미있겠지?"

육아 휴직 중인 미숙 씨는 조만간 복직을 앞두고 있습니다. 복직하면 아이를 어린이집에 맡겨야 하기에 요즘 아이에게 이런 말을 계속하고 있습니다. 마치 어린이집이 꿈의 나라, 환상의 세계인 듯 온갖 장점을 부각시켜서 아이에게 이야기합니다. 말로만 들으면 어린이집은 흡사 대형 놀이동산급입니다. 하지만 아이는 엄마와 떨어져서 어린이집에 가야 한다는 사실이 아직은 이해되지 않습니다.

엄마와 많은 시간을 함께 하던 아이에게 어느 날, 갑자기 엄마가 없는 공간으로 가야 한다는 사실을 인지시키는 것은 쉽지 않습니다. 이때 천천히 아이가 그 상황을 적응할 수 있도록 충분히 이해하고 납득시킬 시간이 필요합니다. 어린이집이나 학교에 잘 적응하는 아이도 있지만 정반대인 아이들도 많습니다. 이것은 아이의 기질이나 상황에 따라 나타나는 자연스러운 현상입니다.

그림책 『우리는 언제나 다시 만나』는 유치원 등원을 앞둔 한 아이와 엄마의 이야기입니다. 이 책을 읽을 때는 아이에게 유치원이나 학교에 가는 것은 엄마와의 헤어짐이 아니라 새로운 세상을 만나는 시간으로 인지시켜주세요. 그동안 엄마와 함께 작은 세상을 만났다면 이제는 선생님과 친구라는 또 다른 세상이 펼쳐진다는 것을 알려주는 겁니다. 그리고 엄마 역시 아이가 등원해 있을 동안 공부나 자기계발 혹은 직장일, 집안일, 휴식을 한다는 것을 이야기해 각자의 시간이 새로운 '공부' 시간임을 알게 해주세요. 더불어 하원 후에는 각자 어떻게 시간을 보냈는지 서로 이야기 나누는 시간을 가져보세요. 이때 막연한 이야기보다는 아이의 알림장이나 선생님으로부터 온 사진 등을 참고해서 구체적으로 이야기하고, 엄마 역시 아이가 등원한 후에 한 다양한 활동을 사진에 담아 직접 보면서 이야기를 나누면 서로가 얼마나 알찬 시간을 보냈는지 느끼게 됩니다.

이렇게 조금씩 서로가 물리적으로 곁에 없는 시간을 인지하도록 하고 그 시간을 다시 만나서 공유함으로써 아이의 불안감은 현격히 줄어들 것입니다.

 어떻게 읽어야 할까?

엄마가 항상 곁에 있다는 안정감을 느끼게 해요

이 책의 표지 그림은 아이와 엄마가 서로를 쳐다보는 그림입니다. 이것을 보며 엄마는 아이에게, 아이는 엄마에게 어떤 말을 할지 상상해서 이야기할 수 있도록 유도해주세요.

> "세영아, 이 그림책의 표지 그림을 한번 봐. 엄마랑 세영이 같지 않아? 두 사람은 지금 서로를 쳐다보면서 어떤 말을 할까?"

표지를 보며 상상하기를 마치면 첫 장을 펼칩니다. 첫 장면은 아이들이 유치원에서 우르르 나오는 장면입니다. 엄마와 떨어져서 처음 친구들, 선생님과 하룻밤을 보낸 아이들의 모습인데요. 엄마가 이 장면을 보고 지난 시간을 떠올리며 책의 이야기가 펼쳐집니다. 책장을 넘기면 아이가 흔들의자에서 곤히 자고 있습니다. 엄마는 양손에 고무장갑을 끼고 아이가 잘 자는지 살펴봅니다. 그리고 아이가 잠시도 엄마가 보이지 않으면 불안해했던 날들을 기억합니다.

"엄마가 화장실에 가서 안 보이거나 쓰레기를 버리러 갔을 때 우리 세영이는 어떤 생각이 들어?"

그림을 보며 아이의 지난 시절을 떠올리게 해주세요

아이는 점점 커가면서 엄마가 보이지 않아도 어딘가에 있고 일정한 시간이 지나면 언제나 다시 만난다는 것을 알게 되었다고 말합니다. 드디어 유치원에 첫 등원을 하던 날, 유치원에 가지 않고 엄마랑 있겠다고 울었던 날을 이야기합니다.

그리고 이제는 유치원에서 친구들과 하룻밤 자고 와도 씩씩한 아이가 되고, 아주 오랫동안 떨어지는 날도 생긴다는 사실을 알려줍니다. 엄마는 세상을 훨훨 날아다니다 힘들어 쉬고 싶으면 언제든 엄마에게 돌아오라고도 이야기합니다.

"세영이도 어린이집(학교)에 가던 첫날 어땠는지 기억해? 그때 어땠는지 이야기해볼까?"

📖 그림책 깊이 읽기

1/ 여러분은 유치원이나 학교를 처음 갔던 날, 기억하나요? 그날의 기억을 떠올려보고, 그날 어떤 느낌이었는지 말해주세요.

2/ 유치원이나 학교에 가 있는 동안 엄마도 여러분이 보고 싶지만 꾹 참고 씩씩하게 하루를 보낸다고 합니다. 엄마의 하루는 어떤지 상상해서 말해보거나 엄마가 직접 엄마의 하루를 찍은 사진을 보면서 이야기 나눠보세요.

3/ 혹시 유치원이나 학교에 있을 동안 엄마가 보고싶다고 울었던 적이 있나요? 또는 그런 친구를 본 적이 있나요? 만약 그런 친구가 있다면 여러분은 어떻게 말해주고 싶나요?

📖 세상 쉬운 부모표 문해력 연습

'엄마는 지금 무엇을 할까?'

아이가 유치원이나 학교에 간 사이 엄마는 무엇을 하는지 상상해서 이야기하거나 글로 표현하게 해주세요. 글쓰기가 가능한 아이들은 짧은 동화로 만들어도 좋아요. 상상하기 전에 엄마는 자신의 하루를 아이에게 구체적으로 설명해주세요. 이때 직접 구매한 마트 물건이나 도서관에서 빌려 온 책 등을 보여주면서 이야기하면 좀 더 효과적이겠지요. 혹은 엄마가 찍어온 사진을 보면서 이야기해도 좋습니다.

문해력 활동 후 부모의 생각 한 줄

아이가 재미있어 했던 질문이나 활동 혹은 어려워했던 부분에 대한 생각을 남겨주세요.

문해력 키우는 확실한 Tip

상상하기 효과

아이에게 상상력 연습을 시킬 때는 적당한 제한 조건을 두는 것이 좋습니다. '마음껏 상상해 봐'라는 막연한 말은 자칫 아이를 공상으로 빠지게 할 수 있어 상상력 연습에 효과적이지 않습니다. 인물과 상황 정도의 간단한 제한 조건을 주고, 그 안에서 아이가 맘껏 상상의 나래를 펼칠 수 있도록 해주면 더 효율적인 상상력 연습이 되니 시도해보세요!

부정적인 감정도 내 감정이에요

『화가 나는 건 당연해!』
글 미셸린느 먼디 | 그림 R. W. 앨리 | 역자 노은정
비룡소
부정적인 감정 # 감정 처리 # 화 다스리기

문해력 포인트   감정을 표현하는 다양한 단어 익히기

"아이가 자신의 화를 참지 못해요. 조금만 맘에 들지 않는 일이 생기면 물건을 집어던지고, 폭력적인 행동도 합니다. 이러다 정말 분노 조절이 힘든 아이로 자랄까 걱정이 큽니다."

한 도서관에서 진행한 글쓰기 수업에 참석한 혜민 씨는 감정 글쓰기를 하다 그만 울음을 터뜨렸습니다. 혜민 씨의 아이는 이제 막 10살이 되었는데, 화가 나면 물건을 집어던지거나 폭력적인 말들을 쏟아낸다고 합니다. 얼마 전에는 친구와 장난을 치다 화가 나서 친구를 밀쳤고, 그 과정에서 친구가 크게 다치게 되었다고 합니다. 이를 두고 아이와 이야기를 나누는 과정에서 오히려 자신을 믿어주지 않는 엄마를 원망하며 더 크게 화를 내 아이도 울고, 엄마도 울고 한바탕 난리를 치

렀다고 고백했습니다. 그날의 일들을 글로 쓰고, 그것을 나누면서 엄마는 하염없이 눈물을 흘렸습니다. 글의 말미에는 어디서부터 어떻게 잘못된 것인지 자책하는 문장들이 가득했습니다. 그녀의 낭독이 끝나자 함께 있던 모든 분이 한마음으로 안타까워하며 서로를 한참 위로했습니다.

나의 좀 괜찮은 모습, 긍정적인 면만 닮았으면 하는 바람과 달리 아이는 부모의 약한 부분, 닮지 말았으면 하는 부분을 제일 먼저 닮아가나 봅니다. 그리고 양육하면서 그런 나의 미숙한 모습이 아이에게 보이면 부모는 화들짝 놀라 평소보다 과하게 화를 냅니다.

아이에게 긍정적인 감정에 대해서 일깨워주는 것도 부모의 할 일이지만 부정적인 감정 역시 어떻게 현명하고 지혜롭게 드러내고 표현하는지 알려주는 것도 부모의 몫입니다. 때로는 이런 사사로운 감정까지 다 가르쳐줘야 하나 힘들기도 하고, 막중한 책임감이 부담으로 다가올 때도 있습니다. 하지만 요즘처럼 주변과의 접촉이 좀처럼 쉽지 않은 시기에는 아이 스스로 여러 감정을 처리하는 방법을 배울만한 곳이 없습니다. 이 모든 것이 부모의 몫으로 돌아옵니다.

감정처리를 어떻게 하느냐는 한 사람의 평생을 좌우한다고 해도 과언이 아닙니다. 쉽지 않지만 아이와 함께 배워나간다는 마음으로 그림책을 통해 알아가는 것도 그림책을 읽어야 하는 큰 이유입니다.

📖 어떻게 읽어야 할까?

화가 날 때는 이런 표정과 동작을 해요

『화가 나는 건 당연해!』의 표지를 보면 초록색 모자를 쓴 아이가 두 손으로 어깨를 잔뜩 감싸며 한곳을 응시하고 있습니다. 이 모습만 봐서는 아이에게 대체 무슨 일이 있었는지 가늠이 안 가는데요. 그런데 살짝 눈을 돌려 아이가 쓰고 있는 초록 모자의 끝을 보니 아이가 어떤 감정 상태인지 짐작이 갑니다. 바로 잔뜩 화가 난 모양입니다. 모자의 끝에 초가 활활 타오르니 말입니다.

아이에게 표지를 보며 초록 모자를 쓴 아이처럼 화가 나면 어떤 동작을 취하는지 생각해보게 합니다. 표지의 아이처럼 직접 동작으로 표현하게 해주면 더욱더 좋겠지요.

"해인아, 해인이는 화가 나면 제일 먼저 어떤 동작을 하게 돼? 보통은 잔뜩 인상을 쓰거나 발을 구른다거나 상대방을 쳐다보지 않는 행동을 해. 엄마를 예로 들자면, 엄마는 일단 허리에 이렇게 손을 올리게 되더라고. 이렇게 하면 사람들에게 '나 지금 화가 났어요'라고 동작으로 말하는 것만 같아. 해인이는 어떤 동작을 주로 하는지 생각해볼까?"

'화'라는 감정을 느끼면 우리는 가장 먼저 취하는 동작이 있습니다. 아마도 무의식적으로 나오는 행동패턴이겠지요. 이 동작 하나만 잘 알고 있어도 우리는 내 안에 어떤 감정이 들어왔는지 금방 알게 됩니다. 화가 날 때 나는 어떤 동작을 취하게 되는지 스스로 생각해 보게 하면 '화'가 언제 나에게 '자극'으로 다가오는지 동작을 통해서 인지할 수 있게 됩니다.

화가 나면 내 몸에서는 이런 변화가 일어나요

이 책을 읽을 때는 아이와 함께 '화'가 났을 때 내 몸에서 일어나는 변화에 대해 이야기 나눠주세요. 막연하게 아는 '화'와 신체적인 변화로 느끼는 '화'는 분명한 차이가 있습니다. 더불어 이렇게 신체적인 변화를 통해 직시한 화를 잘 인지해두면 내 몸이 이런 식으로 변하면 내가 화가 나고 있다는 것을 아이 스스로 알게 됩니다.

"해인이는 화가 나면 몸에 어떤 변화가 느껴져? 엄마는 갑자기 열이 머리끝까지 올라가거나 손발이 막 뜨거워져. 해인이는 어때?"

분노나 화 등 부정적인 감정으로 인한 신체적인 변화에 대해 아는 것은 타인과의 관계 형성에 매우 중요합니다. 막연하게 말로만 하지 마시고, 아이가 직접 화가 났을 때의 몸의 변화를 상세하게 표현할 수 있도록 해주세요.

이때 아무리 화가 나도 절대 해서는 안 되는 것에 대해서도 잘 설명해줍니다. 아무리 화가 나도 물건을 부수거나 함부로 말하는 행위는 해서는 안 된다고 말이에요. '화'를 푸는 올바른 방법을 통해 지혜롭게 나의 감정을 익히는 방법을 상세하고 다정하게 알려줍니다.

이 책에서는 화가 나는 것은 당연한 것이고, 화는 오히려 약이 될 수도 있다고 말합니다. 또 무엇이 자기 자신을 화나게 하는지 생각하게 하는 여러 질문들을 던져줍니다. 아이와 천천히 질문과 내용을 읽어나가면서 그 상황에 대해 자세하게 이야기해봅니다.

부모의 언어로 예시를 충분히 넣어서 설명해주세요

이 책에서 한 가지 아쉬운 점은 각 질문에 대한 생각은 잘 서술되어 있는 반면 자세한 예시가 없는 것입니다. 이 부분은 부모와 함께 책을 읽으면서 충분한 대화를 통해 예시를 이야기해보세요. 예를 들면 '아무리 화가 나도 이렇게 하면 곤란해!' 챕터를 읽고 난 후 친구나 주변 사람들이 화를 낼 때 상대를 아프게 하거나 상처 주는 행동을 했던 것은 어떤 것이 있는지 생각해보고 이야기를 나눕니다.

"해인아, 아무리 화가 나도 하면 절대로 안 되는 행동들이 있어. 구체적으로 어떤 게 있을까? 음… 지난번에 민수가 화가 난다고 책상을 발로 쾅쾅 찼다고 했지? 민수가 그런 행동을 했을 때 해인이는 마음이 어땠어?"

부모는 걸어 다니는 감정백과사전입니다

지식이나 정보는 이제 사전이나 인터넷, 유튜브 영상 검색으로 충분히 얻을 수 있습니다. 하지만 이런 감정은 부모의 언어로 쉽게 아이의 눈높이에 맞춰서 설명해주어야 합니다.

때로는 설명하기 어려운 감정들을 물어올 때도 있습니다. 차라리 정답이 있는 수학 문제라면 좋겠다 싶을 때도 있습니다. 감정의 문제는 어른인 부모도 제대로 배워본 적이 없어서 아이에게 어떻게 알려 주어야 할지 난감할 때가 많습니다. 이런 경우 한꺼번에 많은 설명을 하려고 애쓰지 않으셔도 됩니다. 함께 고민해보고 다음 기회에 또 이야기를 하면 됩니다. 성급한 판단과 생각이 오히려 감정을 제대로 이해하지 못하고 표현하게 하는 경우도 있으니까요. 그럴 때는 이렇게 말해주세요.

"해인아, 엄마도 그 감정에 대해서는 아직 잘 모르겠네. 우리 함께 고민해보고, 아빠한테도 물어보고, 셋이서 며칠 후에 서로 이야기 해볼까?"

📖 그림책 깊이 읽기

1/ 그림책 『화가 나는 건 당연해!』에서는 화를 내는 것은 잘못된 것이 아니라고 말합니다. 잘못된 것은 '이것'이라고 하는데요. 이것은 무엇일까요? 빈칸을 채워보세요.

> 나쁜 것은 화를 내는 게 아니라 화를 잘못 (   )하는 것!

2/ 그림책에서는 '화'를 여러 단어로 설명하고 있습니다. 아래의 단어 중 '화'와 가장 비슷하다고 생각하는 단어를 찾아서 동그라미를 하세요.

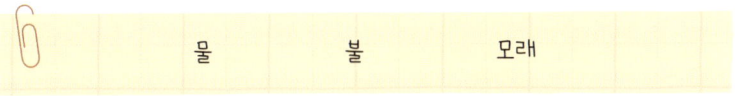

물   불   모래

위 단어를 선택한 이유에 대해서 생각해보아요.

3/ 여러분만의 화를 푸는 좋은 방법이 있나요? 있다면 소개해주세요.

📖 세상 쉬운 부모표 문해력 연습

1/ 빈 빙고 판에 다양한 감정 단어들을 자기 마음대로 채우고, 아이와 부정적인 감정 단어 2줄 빙고를 해보세요.

짜증	소망	믿음	아픔
불쾌	사랑	서러움	우정
화남	우울	편안함	열받음
배신	친절	포근함	포옹

* 빙고판은 개수를 자유롭게 더 늘려도 되고, 단어 역시 더 추가해도 됩니다. 긍정적 단어로도 게임을 할 수 있습니다.

2/ 『화가 나는 건 당연해!』에서는 화가 난 사람이 있다면 왜 화가 났는지 먼저 물어보고, 화가 난 이유가 뭔지 알 수 있도록 도와주라고 합니다. 아이에게 화가 났을 때 주변에서 어떻게 해주는 것이 좋은지 물어보고 그 이유에 대해 이야기 나눠보세요.

그냥 내버려 두었으면 좋겠다.
물어보고 같이 이유를 찾아주었으면 좋겠다.

📖 문해력 활동 후 부모의 생각 한 줄

아이가 재미있어 했던 질문이나 활동 혹은 어려워했던 부분에 대한 생각을 남겨보세요.

문해력 키우는 확실한 Tip

부정적인 감정표현하기

부정적인 감정과 생각, 행동에 이름표를 붙여주세요. 이 책에서는 부정적인 감정의 대표인 '화'에 대해서 말합니다. '화' 외에도 부정적인 감정은 여러 가지가 있어요. 서러움, 좌절감, 우울감, 속상함, 억울함 등 부정적인 감정을 표현하는 단어를 찾아보고, 그 감정을 설명할 수 있도록 해주세요. 예를 들면 '서러움'은 아이에게 어떤 감정이고, 어떤 상황에 그런 감정이 드는지 차분하게 설명해주면 아이가 부정적인 감정을 이해하고 표현하는데 한결 수월해질 것입니다. 빙고판을 이용해서 긍정적인 감정과 부정적인 감정을 분류하는 방법을 익히는 것도 감정 문해력을 높이는 아주 훌륭한 방법입니다.

미워하는 감정은 나를 더 힘들게 해요

『미움』
글·그림 조원희
만만한책방
미움 # 용서 # 친구관계

문해력 포인트 만약 나라면, 주인공의 입장에서 감정 정리해보기

"엄마, 하율이 정말 이상해. 오늘은 내가 뭘 물어봤는데 대답도 안 하는 거 있지?"

하교 후 집에 온 아이는 가방을 내려놓자마자 학교에서 친구 하율이의 행동에 화가 나는지 자신의 감정을 쏟아냅니다. 주말에 놀이터에서 놀다가 다툰 하율이가 학교에서 아는 척도 안 하고, 말을 걸어도 답이 없었던 모양입니다. 이내 아이는 이런 말을 꺼냅니다.

"하율이 미워. 나도 하율이랑 말 안 할 거야. 오늘부터 하율이, 미워할 거야."

아이들이 싸웠을 때 바로 풀었어야 하는데 각자 스케줄이 있어서 그냥 보낸 것이 화근이었습니다. 내심 언제나 그렇듯이 아무렇지도 않게 잘 지내려니 했는데 이번에는 아닌가 봅니다.

  누군가를 미워하는 감정은 살면서 자주 마주하게 되는 감정입니다. 씩씩거리는 아이의 모습을 보니 부정적인 감정은 에너지 소모가 큰 감정입니다. 미움은 아이들을 불편하게 하고, 불안하게 만듭니다. 아이의 마음에 오래 머물게 되면 여러 가지 부작용이 엄습할 수도 있습니다. 이럴 때 우리는 또 그림책에게 슬쩍 도움을 요청합니다.

📖 어떻게 읽어야 할까?

  『미움』은 조원희 작가의 시선으로 '미움'이라는 감정이 우리 몸에 있으면 어떤 기분이 들고, 어떤 신체적인 변화를 불러일으키는지 섬세하게 표현한 그림책입니다. 표지를 먼저 살펴보면 한 아이가 잔뜩 찌푸린 얼굴을 하고 있습니다. 그리고 목에는 생선가시가 걸려 있습니다. 말풍선에는 이런 말이 있습니다.

  "꼴도 보기 싫어!"

  '미움'이라는 감정이 몸에 쌓이면 마치 목에 생선가시가 걸린 것처럼 몸이 불편하다는 작가의 표현이 정말 신선하지요. 기침해도 잘 나오지 않고, 뭔가 껄끄러운 느낌은 하루 종일 불쾌감을 남깁니다.

  첫 장을 넘기는 순간, 얼굴이 빨간 아이가 등장합니다. 주인공 아이는 빨간 얼굴의 아이로부터 "너 같은 거 꼴도 보기 싫어!"라는 말을 듣습니다. 주인공 아이가 얼마나 황당할지 짐작이 갑니다. 아이는 누군가에게 그런 말을 듣는 것이 처음이었습니다. 그런데 더 기가 막힌 것은 빨간 얼굴의 아이는 이유조차 말해주지 않고 가버립니다. 아이는 가버리는 빨간 얼굴의 아이의 뒷모습을 쳐다보며 눈물이 나올 것 같았습니다. 결국 자신도 그 아이를 미워하기로 결심합니다. 밥을 먹으면서, 숙제를 하면서, 신나게 놀면서도 그 아이를 미워했습니다.

주인공 아이의 표정을 주의 깊게 살펴봅니다

"나도 너를 미워하기로 했어."

주인공 아이가 빨간 얼굴의 아이를 미워하면서 아이의 표정은 급격히 달라집니다. 책을 읽으며 주인공 표정이 변화한 순간을 아이가 포착할 수 있도록 도와주세요. 빨간 얼굴의 아이가 "너 같은 건 꼴도 보기 싫어"라고 말할 때, 빨간 얼굴의 아이를 미워하기로 결심한 순간, 주인공의 표정은 달라집니다.

"재하야, 주인공 아이가 빨간 얼굴의 아이를 미워하게 되면서 얼굴 표정이 어떻게 달라졌을까?"

이때 아이의 표정을 보면 아이가 얼마나 화가 났는지 잘 알 수 있습니다. 특히 신나게 놀 때나 잠을 잘 때 표정조차 화가 나서 눈썹까지 바짝 세워진 것을 보면 주인공 아이가 얼마나 미움이 가득 찬 마음을 갖게 되었는지 짐작이 갑니다.

시간이 지나자 아이의 마음속에 미움은 점점 자라게 됩니다. 작가는 아이의 몸을 칭칭 감고 있는 빨간 줄로 '미움'을 표현합니다. 그리고 급기야 '미움'은 아이의 몸보다 훨씬 커졌습니다. 마치 공상과학영화에 나오는 이상한 괴물처럼 변해 주인공 아이의 몸을 감았습니다. 그리고 마침내 감옥에 갇힌 것처럼 아이의 마음은 '미움'으로 가득 차게 되었습니다.

미워하는 마음은 이상해요

누군가를 미워했더니 마음이 시원하지 않고 뭔가 이상합니다. 작가는 미움으로 가득 찬 감정을 바닷속에 빠진 것으로 표현했습니다. 온통 붉은 바다에 이상한 바다생물들이 둥둥 떠다니고 거기에 주인공 아이가 외롭게 홀로 떠 있습니다. 누군가를 미워하는 마음으로 가득 찬 그림을 보며 아이와 함께 이 장면에 대해 이야기 나눕니다.

"재하야, 누군가를 미워하는 마음이 가득 차면 어떤 기분일까? 이 붉은 바닷속에 빠진 느낌은 어떤 느낌일까?"

주인공은 언젠가 부스럼을 긁자 손을 잡으며 말하던 엄마의 말이 생각납니다.

"신경 쓰여도 만지지 마. 그래야 낫는다."

아이는 가만히 팔뚝을 쳐다보며 미워하는 마음도 그래야 나을 수 있는 건지 생각합니다. 그리고 빨간 얼굴의 아이를 찾아가서 이렇게 말합니다.

"나는 너를 미워하지 않기로 했어."

빨간 얼굴의 아이를 더 이상 미워하지 않는 '나'의 마음은 과연 어땠을까요? 또 이 말을 들은 빨간 얼굴 아이의 마음은 어땠을까요?

📖 그림책 깊이 읽기

1/ 그림책 『미움』에서 주인공은 누군가를 미워하는 마음이 생기자 목에 생선가시가 걸린 듯한 느낌을 받습니다. 여러분은 미움의 감정이 들 때 몸에 어떤 변화가 일어나나요? 최근에 있었던 상황을 잠시 생각해보고, 그때 여러분 몸의 변화를 글, 그림, 몸짓, 말 등으로 표현해보세요.

2/ 주인공이 미움의 감정을 갖게 되자 오히려 더 괴로워진 이유는 무엇일까요?

3/ 주인공은 얼굴이 빨간 아이에게 가서 "나는 너를 미워하지 않기로 했다"라고 말합니다. 이 장면을 어떻게 보았나요?

4/ 여러분의 다양한 감정을 아래 예시를 참고하여 구체적인 상황으로 만들어 표현해보세요.

> **서운함**: 엄마가 맛있는 간식을 동생과 다 먹고 내 것은 남겨놓지 않았을 때
> **쑥스러움**:
> **민망함**:
> **신남**:

📕 세상 쉬운 부모표 문해력 연습

이 책에서 주인공 '나'는 어느 날, 얼굴이 빨간 친구에게 "너 같은 거 꼴도 보기 싫어"라는 말을 듣습니다. 그 친구는 '나'에게 왜 그런 이야기를 했는지 이유조차 알려주지 않는데요. 만약 이런 친구가 아이 앞에 나타난다면 어떻게 할지 이야기를 나눠보세요.

📕 문해력 활동 후 부모의 생각 한 줄

아이가 재미있어 했던 질문이나 활동 혹은 어려워했던 부분에 대한 생각을 남겨보세요.

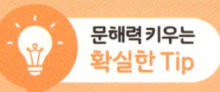

만약 나라면

"인생은 선택의 연속이고, 글을 많이 읽으면 그 선택을 잘하게 돼요. 조금이라도 더 나은 선택을 하게 돼요."

방송인이자 한 아이의 엄마인 홍진경이 독서에 대한 질문에서 이렇게 답했습니다. 성인 중 1년에 단 한 권의 책도 읽지 않는 사람의 비율이 25%를 넘는다고 합니다. 독서무용론을 이야기하는 사람도 심심치 않게 등장합니다. 책을 읽지 않아도 사는데 전혀 지장이 없다고도 이야기합니다. 그럴 수 있습니다. 독서를 많이 했다고 해서 인생의 진리를 다 깨우치는 것은 아니니까요. 그런데 홍진경 씨가 말한대로 우리의 삶은 '선택의 연속'입니다. 어떤 선택지가 우리 앞에 놓일지 그 누구도 예측할 수 없는데, 인생은 단 한 번뿐입니다. 그래서 우리는 좀 더 나은 선택을 하기 위해 고군분투합니다.

이 외로운 싸움에 독서는 가장 현명한 선택을 하게 해주는 지름길일지도 모르겠습니다. 등장인물의 성격과 행동을 통해 내가 아직 만나보지 못한 인물에 대해서 상상해볼 수도 있고, 등장인물이 살았던 공간과 배경을 통해 내가 가보지 못한 세계를 짐작해봅니다. 그렇게 내 삶에 아직 펼쳐지지 않은 페이지를 책 속의 이야기로 자꾸 대입시키다보면 인생에서 예기치 못한 상황을 만났을 때 당황하지 않고 좀 더 지혜로운 선택을 하게 될 것입니다.

5강
어른들도 울고 싶을 때가 있단다

『사자도 가끔은…』
글·그림 허아성
길벗어린이
#부모 역할 #이해 #완벽

문해력 포인트 관찰력은 문해력의 핵심

한 여성센터에서 경력 단절 여성들을 위한 '나를 돌보는 방법'에 대한 특강을 했습니다. 수많은 엄마들은 자신은 아이에게 너무나 '부족한 엄마'라고 말하며 자책했고, '완벽한 부모', '아이에게 좀 더 좋은 엄마가 되는 방법'에 대해 물었습니다.

각종 매체에서 '완벽한 부모상'을 송출합니다. 열심히 일하고 와서 또 열심히 아이와 놀아주는 아빠, 회사 일도 잘하고, 집안일까지 완벽하게 끝내는 엄마, 아이들이 없는 틈에 운동도 하고 영어 공부도 하는 등 자기계발에 최선을 다하는 부모까지 여러 '완벽한 부모'들을 보여줍니다. 그런데 세상에 완벽한 부모가 있을까요? 그리고 완벽한 부모의 기준은 대체 무엇일까요?

세상의 잣대가 아닌 저만의 기준을 세워보았습니다. 저는 아이가 힘들 때 의지하고 싶은 엄마, 살면서 어려운 문제를 만났을 때 그 문제를 함께 고민하고 싶은 사람, 그게 저였으면 하는 마음입니다. 그리고 그런 부모가 진짜 부모가 아닐까 하는 생각을 합니다.

그러기 위해서는 아이에게 '대단하고 완벽한' 모습보다는 조금은 부족하고 설익었지만 고민을 함께 나눌 수 있는 존재라는 인식을 심어주는 겁니다. 아이에게 부족한 나의 모습도 보여주고요.

📖 어떻게 읽어야 할까?

어른들도 울고 싶을 때가 있단다

밀림의 왕 큰 사자가 울상이 되었습니다. 이유를 물어도 소용없습니다. 아무 말도 하기 싫다고 합니다. 그림책 속 큰 사자가 한숨을 푹 쉬는 모습, 먼 산을 바라보는 모습에서 짠한 느낌마저 듭니다. 곁에 있는 작은 사자는 이유를 묻지 않고, 그냥 기다려주기로 합니다. 한참을 기다렸더니 큰 사자가 울상인 채로 말을 걸어옵니다. 그때 작은 사자는 조용히 그의 말을 들어줍니다. 그러면 사자는 어느새 스스로 눈물을 닦고 다시 멋진 사자로 돌아옵니다. 작은 사자가 한 것은 그냥 기다려주는 것이었습니다.

어른들도 울고 싶을 때가 있습니다. 회사 일로 힘들 때, 가족에게 좋지 않은 일이 있을 때, 주변 사람들과의 관계에서 어려움을 겪을 때 등 수없이 많습니다. 아이들에게 어른들도 이렇게 크고 작은 일로 속상하고 마음이 아플 때가 있고, 그때 잠시 아무 말도 하기 싫을 수 있다는 것을 알려주세요. 그럴 때면 '옆에 가만히 있어주면 된다'는 말도 함께요.

아이들은 이런 과정을 통해 부모도 완벽한 인간이 아닌 나와 비슷한 고민을 하는 존재임을 인식하게 됩니다. 더불어 마음이 정리되고 난 후에는 고민되는 부분을 아이와 함께 이야기 나눠보세요. 물론 고민의 수위조절은 부모님 각자의 몫입니다. 아이의 엉뚱하고 재치 있는 대답으로 한번 크게 웃을 수도 있고, 그동안 풀리지 않던 문제들이 의외로 간단하게 해결되는 경우도 많습니다.

책은 글자만 읽는 것이 아니예요

그림책을 읽는다는 것은 단순히 글자만 읽는 것을 의미하는 것은 아닙니다. 그림책 속에 등장하는 주인공의 말투, 표정, 뒷모습을 통해서 주인공의 상황과 감정을 느낄 수 있습니다. 이런 것들을 잘 읽었을 때 우리는 진정한 문해력을 습득했다고 이야기할 수 있습니다. 책을 읽을 때 단순히 글자에만 집중하지 말고 그림을 통해서 충분히 내용을 이해하고, 공감할 수 있도록 도와주세요.

특히 이 그림책에서는 등장하는 사자의 표정과 몸짓, 뒷모습 등을 아이가 여유롭게 읽을 수 있도록 도와주세요. 그리고 그것을 통해 사자의 마음이 어떨지 가늠할 수 있도록 유도해주면 좋습니다. 더불어 사자가 아무 말도 하고 싶지 않을 때 마음속으로 무슨 생각을 하고 있는지 상상해보는 것도 좋은 방법이 됩니다. 또 아이는 사자처럼 울고 싶었던 적이 없었는지도 함께 이야기해봅니다.

"재나야, 사자가 울고 있네. 표정을 잘 살펴봐. 사자는 지금 왜 슬픈 표정을 지을까? 우리 가족 중에 한 사람이 이런 표정을 지으면 재나는 기분이 어떨 것 같아?"
"재나도 혹시 사자처럼 울상이 되거나 속상한 마음이 들었던 적이 있었어? 혹시 그랬다면 언제였는지 말해줄 수 있을까?"

📖 그림책 깊이 읽기

1/ 그림책 『사자도 가끔은…』의 제목 끝에는 '…'이라는 말줄임표가 있습니다. 여러분은 빈칸에 어떤 말을 적고 싶나요?

사자도 가끔은 _____

2/ 왜 그렇게 빈칸을 채웠는지 이유를 말해보세요.

📕 세상 쉬운 부모표 문해력 연습

그림책 『사자도 가끔은…』에서 큰 사자가 울상이 되었지만 작은 사자는 옆에서 가만히 기다려줍니다. 큰 사자를 기다려 준 작은 사자는 어떤 마음이었는지 생각하고 아이와 이야기 나눠보세요.

📕 문해력 활동 후 부모의 생각 한 줄

아이가 재미있어 했던 질문이나 활동 혹은 어려워했던 부분에 대한 생각을 남겨보세요.

 **관찰력을 키워주세요!**

문해력이 높다는 것은 사물이나 사람, 현상에 대한 이해도가 높다는 말과 같습니다. 높은 이해도가 형성되기 위해서는 사물이나 사람, 현상을 잘 파악하는 것이 무엇보다 중요하지요. 이를 위해서는 관찰력이 필수입니다. 관찰력은 사물이나 사람, 상황을 유심히 지켜보는 힘입니다. 아이들에게 한 가지 사물이나 사람을 꾸준히 관찰하는 힘을 길러주세요. 이를 위해서 기르고 있는 반려식물이나 반려동물 관찰 일지 쓰기를 추천합니다. 매일 조금씩 변하는 생명의 존귀함을 통해 눈에 보이는 큰 변화만이 아니라 작은 변화도 관찰할 수 있는 눈이 키워집니다. 더불어 관찰력은 그림책을 통해서도 키울 수 있습니다. 주인공의 얼굴 표정 변화가 다양한 책을 읽으며 장면마다 주인공의 표정 변화를 통해 감정의 변화를 읽어내는 것도 관찰력을 높이는 중요한 훈련이 될 수 있습니다.

마음의 박자는 서로 다를 수 있어요

『안녕, 펭귄?』
글·그림 폴리 던바 | 역자 노은정
비룡소
개성 # 다름의 차이 # 역지사지

문해력 포인트 입장을 바꿔보면 타인의 감정이 읽혀요

    한 도서관에서 8차시에 걸쳐 초등 그림책 문해력 수업을 진행했습니다. 그림책을 읽고 와서 미리 배포한 질문지로 서로의 의견을 나누는 책나눔 시간을 갖고, 이를 다시 글쓰기와 발표로 만들어가는 수업이었습니다. 수업에 참여한 연수는 조용한 친구였습니다. 책나눔 시간에 질문을 던지면 생각이 정리될 때까지 순서를 조정해달라는 이야기를 하고, 글쓰기 역시 다른 친구들에 비해 시간이 조금 필요한 친구였습니다. 반면 함께 참여하고 있는 수현이는 책나눔 시간에 던지는 질문에 가장 먼저 답을 하고, 글쓰기도 제일 빨리 끝내는 친구였습니다.

    몇 주간의 수업을 마치는 날, 두 아이가 단짝이라는 사실을 알게 되었습니다. 함께 수업에 참여했던 친구들은 두 친구가 단짝이라는 사실에 의외라는 반응을 보였습니다. 이유를 물으니 두 아이의 성향이 너무 다르기 때문이라고 했습니다. 한 친구는 조금 느리고 차분하고, 한 친구는 너무 빠르고 열정이 넘친다고 이야기했습니다.

저는 두 아이에게 '단짝'이 될 수 있었던 이유에 관해 물었습니다. 이때 연수와 수현이는 각자 서로 달라서 싸울 일이 별로 없고, 자신이 못 가진 부분을 친구가 채워줘서 참 좋다고 이야기했습니다. 일순간 수업에 참여한 아이들은 '와' 하고 박수를 쳤습니다. 두 아이는 벌써 각자의 속도가 다름을 인정하고, 그것을 개성으로 존중하면서 맞춰가는 방법을 알고 있었습니다.

아이들에게 이렇게 한 수 배웁니다. 사람마다 표현의 방식과 속도는 다릅니다. 빠른 사람도 있고, 조용히 생각에 잠기며 어떻게 행동해야 할지 고민하는 사람도 있습니다. 표현 방식과 속도는 차이일 뿐 옳고 그름은 없습니다. 그림책 『안녕, 펭귄?』은 서로 다른 표현 방식을 알려주는 고마운 지침서가 될 수 있을 겁니다.

각자 다른 속도와 표현 방식이 있으니 나와 같지 않다고 해서 무시해서도 안 되고, 상대가 날 덜 사랑하는 것도 아님을 구체적으로 이야기해주세요. 무엇보다 '사랑하는 마음'이 있다면 방법의 차이는 서로 이해할 수 있는 것임도 알게 해주세요. 그렇게 마음의 박자는 서로 다를 수 있다는 것을 알면 좋은 친구가 누구인지 알아차릴 수 있다는 것도 귀띔해주면 좋겠습니다.

 어떻게 읽어야 할까?

마음에도 각자의 박자가 있다는 것을 설명해주세요

마음의 박자가 각자 다르다는 것은 어떤 의미일까요? 아이가 이 의미에 대해 잘 알기 힘들 수도 있습니다. 이때 가족들을 예시로 설명해주세요. 성격이 급한 아빠, 차분한 엄마, 행동이 빠른 언니나 형, 느긋한 동생 등을 예시로 각자가 일상생활에서 어떻게 마음의 박자가 조금씩 다른지 구체적인 예시를 들어서 설명해준다면 아이는 마음의 박자가 다르다는 것의 의미를 좀 더 잘 알게 됩니다.

그리고 아이에게 가족을 예로 들어 설명한 것을 친구들로 적용해보라고 해보세요. 주변에 말은 없지만 자신의 이야기를 잘 들어주는 친구는 누구인지, 반대로 나에게 고민을 털어놓는 친구는 누구인지, 내가 어려움에 처했을 때 나를 도와주려고 하는 친구는 누구인지 천천히 생각하면서 친구들의 장점을 이야기할 수 있도록 해주세요.

입장을 바꿔서 책을 다시 읽어요

이 책은 입장을 바꿔서 두 번 읽기를 시도하면 좋습니다. 한 번은 벤의 입장에서, 또 한 번은 펭귄의 입장에서 책을 읽습니다. 이때 아이와 역할을 나눠서 역할극으로 읽어도 좋습니다. 그리고 벤이 자꾸 말을 걸었을 때 펭귄의 기분이 어땠을지 아이에게 물어보세요.

"세민아, 벤이 이렇게 소리쳤을 때 펭귄은 마음속으로 어떤 생각을 하고 있을까?"
"벤의 행동과 말에 펭귄은 왜 아무 반응도 없었을까?"

📖 그림책 깊이 읽기

1/ 주인공 벤은 어느 날, 선물 꾸러미를 받습니다. 꾸러미 안에는 펭귄이 있습니다. 벤이 여러 가지 말을 걸어보지만 펭귄은 아무 반응도 보이지 않습니다. 아무 반응이 없는 펭귄의 모습을 여러분은 어떻게 보았나요?

2/ 반응이 없는 펭귄에 벤은 점점 답답해합니다. 답답해하는 벤의 5단 표정에 어울리는 벤의 마음을 적어보세요.

1단계:
2단계:
3단계:
4단계:
5단계:

3/ 답답해하던 벤은 결국 큰 소리를 내고 이를 들은 사자가 벤을 삼켜버립니다. 그러자 펭귄은 사자의 코를 세게 물어 벤을 구합니다. 펭귄은 그동안의 '모든' 이야기를 줄줄 늘어놓았습니다. 여러분은 이 장면을 어떻게 보았나요?

📖 세상 쉬운 부모표 문해력 연습

벤과 펭귄의 성격을 바꾸어 그림책의 이야기 부분을 다시 써봅니다. 벤이 말수가 적고, 표현이 부족한 친구이고, 펭귄이 이런 벤을 오히려 답답해하는 상황으로 씁니다. 이때 저학년의 경우 중요 인상적인 그림책의 장면만 쓰거나 말로 해도 됩니다.

📖 문해력 활동 후 부모의 생각 한 줄

아이가 재미있어 했던 질문이나 활동 혹은 어려워했던 부분에 대한 생각을 남겨보세요.

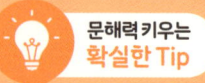

문해력 키우는 확실한 Tip

서로의 입장을 바꿔서 이야기 쓰기

탁월한 문해력은 어디에서 시작되는 것일까요? 텍스트를 잘 읽어내는 힘은 결국 타인의 입장에서 사물과 현상, 상황을 객관적으로 바라보는 태도와 자세에서 비롯됩니다. 이 단순한 진리를 아이들에게 설명하기는 참 쉽지 않죠. 그래서 가끔 이렇게 타인의 입장이 되어서 이야기를 직접 써보거나 만들어 보는 작업이 아이들에게 도움이 많이 됩니다.

『늑대가 들려주는 아기 돼지 삼 형제 이야기』라는 그림책이 있습니다. 늑대의 입장에서 살펴본 아기 돼지 삼 형제의 이야기를 통해 그동안 가려져 있던 늑대의 입장을 들을 수 있고, 늑대의 입장을 들으며 이야기를 좀 더 다른 각도에서 바라볼 수 있는 태도를 배우게 됩니다. 타인의 입장에서 상황과 글, 맥락을 파악하는 것은 좋은 문해력 훈련입니다.

마음을 표현하는 방법도 배워야 해요

『내 마음 ㅅㅅㅎ』
글·그림 김지영
사계절
초성 말놀이 # 마음 표현 # 서툰 마음 표현

문해력 포인트 한글 교육 언제부터 시작해야 할까요?

"저도 제 마음이 어떤지 잘 모르겠어요. 그러니 어떻게 표현해야 할지 모르겠더라고요."

오은영 박사가 진행하는 한 프로그램에 나온 중년의 아버지가 한 말입니다. 사춘기 아들과 관계가 원만하지 못해 프로그램에 출연하게 된 아버지는 아이의 마음을 담은 영상을 보고 이런 말을 했습니다. 부모는 아이를 사랑하는 마음을 표현하는 방법을 몰라서, 자식은 부모를 좋아하는 마음을 표현하는 방법을 몰라서 힘들어 하는 모습이 보는 내내 안타깝고 속상했습니다.

미움, 분노, 반항 이런 부정적인 감정은 본능에 충실한 감정이기에 표현하고 꺼낼 수 있습니다. 오히려 다정한 눈빛, 친절한 위로, 사랑한다는 말, 서로의 어깨를 두드려줄 수 있는 공감의 마음 등 긍정적인 감정은 표현하고 꺼내놓기가 쉽지 않습니다. 어색하고 쑥스러워서 어떻게 표현해야 할지 난감할 뿐입니다. 잘못하면 더 어색한 상황이 될까 두려워 겉으로 드러내지 못하는 경우도 많습니다. 학교에서는 왜 이런 것을 가르쳐주지 않을까요? 지금 생각해보면 세상에 나와서 가장 필요한 것 중 하나는 나의 감정과 마음을 그때그때 잘 표현하는 방법인데 말이죠.

『내 마음 ㅅㅅㅎ』은 그렇게 서툰 마음을 표현하는 방법을 알려주는 그림책입니다. 먼저 표지나 제목을 보고 내용을 미루어 짐작해보세요. 정답은 따로 없습니다. 어떤 대답을 강요하기보다는 아이가 자연스럽게 책의 내용을 유추하는 것을 즐기게 해주세요. 또 책을 읽고 엄마나 가족, 친구들과 함께 서로의 마음을 맞춰보는 시간을 가지고 어떤 상황에서 어떤 감정이 들게 되는지 함께 이야기해 보면 타인의 마음을 잘 읽고, 나의 마음을 잘 살피는 기회가 됩니다.

📖 어떻게 읽어야 할까?

그림책을 읽기 전에 책 제목인 '내마음 ㅅㅅㅎ'이 의미하는 것이 무엇일지 아이와 함께 상상하며 이야기를 나눠보세요.

"예빈아, 이 책의 제목 참 재미있지? '내마음 ㅅㅅㅎ'은 무슨 말일까? 단어의 첫 번째 소리 글자인데 어떤 말일지 '상상해'볼까?"

그림책에 나온 아이는 자신의 감정을 잘 표현하지 못해서 속상합니다. 가끔 화가 난 표정을 드러내기도 하고, 어색한 표정을 짓기도 합니다. 각 단어 옆에 그려진 주인공의 표정을 잘 읽을 수 있도록 아이에게 단어를 읽고 난 후 주인공 아이의 표정이나 행동 그림을 살펴보도록 환기시켜주면서 책을 읽어주세요.

"주인공 친구는 'ㅅㅅㅎ' 중에서 ○○○을 이야기할 때 표정이 어때? 우리 예빈이도 학교 혹은 집에서 내 생각과 감정을 표현하고 싶은데 잘 설명하기 어려웠을 때는 없었어? 그런 때는 언제였어?"

그림책처럼 초성으로 자신의 마음을 표현하는 방법 외에 다른 방법은 어떤 것이 있을지 아이와 함께 이야기 나눠보세요.

"내 마음을 표현하는 방법은 이렇게 단어의 초성을 활용하는 방법 말고도 여러 가지가 있을 것 같아. 예빈이는 어떤 방법으로 내 생각과 마음을 드러내는 것을 좋아하니? 노래하기, 춤추기, 그림 그리기, 악기 연주하기, 말하기 중에서 너의 생각과 마음을 표현하기 가장 쉬운 방법이나 좋아하는 방법을 골라볼까?"

📖 그림책 깊이 읽기

1/ 그림책 『내 마음 ㅅㅅㅎ』은 친구들과 자주 하는 초성퀴즈가 떠오르는 책입니다. 책에 나온 다양한 'ㅅㅅㅎ' 중에서 가장 인상적인 단어를 고르고 그 이유를 말해 보세요.

2/ 아래 단어는 책 속에 언급된 단어입니다. 예시처럼 단어에 자신만의 뜻을 적어주세요(마음껏 하시면 됩니다).

수상해: 엄마와 외출하고 돌아온 동생의 입에 뭔가 묻어 있을 때의 내 마음
싱숭해:
섭섭해:
생생해:

3/ 여러분도 나의 마음을 이렇게 초성으로만 표현하고 싶을 때가 있나요? 만약 있다면 어떨 때 그런 생각이 드나요?

4/ 상상력을 발휘해서 지금 여러분의 마음을 초성으로 표현해보세요.

5/ 위 초성이 가리키는 단어는 무엇인가요?

6/ 위 단어에 대한 여러분만의 뜻(2번 참고)을 적어보고 이 단어를 쓰는 지금 '내 마음'은 어떤 상태인지도 적어보세요.

📖 세상 쉬운 부모표 문해력 연습

다양한 초성을 활용한 내 마음속 읽기 게임을 해보세요. 방법은 내 마음을 표현하는 단어의 초성을 종이에 하나씩 쓴 후 상대의 마음 상태를 초성으로 알아맞히는 게임입니다.

📖 문해력 활동 후 부모의 생각 한 줄

아이가 재미있어 했던 질문이나 활동 혹은 어려워했던 부분에 대한 생각을 남겨보세요.

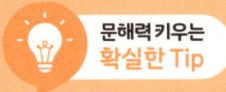

말놀이로 한글 익히기

한글 교육의 가장 적확한 시기는 아이가 문자에 흥미를 보일 때입니다. 영유아기에 읽는 책은 대부분 그림책입니다. 아이들은 대부분 글자보다는 그림에 흥미를 더욱더 많이 갖습니다. 이는 자연스러운 현상입니다. 반복적으로 여러 그림책을 읽어주게 되면 아이는 자연스럽게 글자에 반응을 보입니다. 엄마의 말소리와 그림책을 하나씩 맞춰보기도 하고, 그림을 통해 글자의 내용을 유추하기도 합니다. 어떤 아이는 반복적으로 읽었던 그림책의 내용을 몽땅 외우기도 합니다. 이때 가장 중요한 것은 아이에게 한글 읽기를 강요하지 않는 것입니다. 그림책을 읽어주는 기간이 길어지면 엄마는 아이가 빨리 한글을 배워 그림책 읽어주기에서 벗어날 수 있길 바랍니다. 하지만 너무 이른 읽기 독립은 아이가 제대로 책을 읽는 방법을 채 습득하기 전에 끝나버릴 수도 있습니다. 한글을 깨우치는 것보다 글의 의미를 파악하고 제대로 읽을 수 있게 해주는 것이 초기 문해력 교육에서는 가장 중요합니다.

한글 익히기, 너무 성급하게 시작하지 마시고, 일단은 아이가 글자에 흥미를 보일 때 '그 순간'을 놓치지 않도록 꾸준히 읽어주기에 집중하세요. 아이가 한글에 흥미를 보이는 때는 반드시 오게 되어 있습니다.

자기표현력을
키우는
그림책 문해력
수업

생활습관을 잡아주는 든든한 그림책

『목욕 중』
글 최영순 | 그림 김희진
씨드북
\# 의성어 \# 의태어 \# 생활습관

문해력 포인트 의성어와 의태어를 자연스럽게 익혀요

"엄마 목욕하기 싫어요. 그냥 자면 안 돼요?"

　아이를 키우면서 힘든 것 중 하나는 좋은 습관을 몸에 익히게 하는 것입니다. 습관은 그 사람을 만드는 첫걸음이지요. 생활습관은 한번 굳어지면 바꾸는 것이 좀처럼 쉽지 않기 때문에 아이와 엄마가 실랑이를 벌이게 되는 일 중 하나입니다. 가지고 놀았던 장난감을 제자리에 정리하는 일, 신었던 양말이나 의복을 세탁 바구니에 잘 넣는 일, 음식을 먹을 때 주변을 깨끗이 하는 일까지 때로는 이런 사소한 일까지 가르쳐줘야 하나 싶습니다. 하지만 실제로 좋은 습관을 익혀야 할 시기를 놓쳐 성인이 되어서도 잘못된 습관으로 주변을 힘들게 하는 이들을 보면 정신이 번쩍 들게 됩니다.

『목욕 중』은 씻기 싫어하는 아이들에게 권하면 좋은 그림책입니다. 아이들은 이 책을 읽으며 씻기를 싫어하는 주인공에게 쉽게 감정을 이입하게 됩니다. 책을 읽으며 씻기 싫어하는 아이에게 '목욕'하는 과정이 기분 좋은 판타지 세계로 들어가는 '비밀의 문'처럼 느껴지게 한다면 '목욕'은 더 이상 힘든 일이 아닐 수 있답니다.

 **어떻게 읽어야 할까?**

책 내용을 삶에 적용해보세요

책을 읽고 남는 게 없다고 말하는 이들이 참 많습니다. 그것은 어쩌면 책 읽기를 싫어하는 사람들의 작은 핑계일 수도 있습니다. 그리고 제대로 책을 읽어 본 경험이 없어 그럴 수도 있습니다. 실제로 많은 분들과 독서클럽을 운영하며, 한 달에 한 권 깊게 책을 읽고 서로의 생각을 나누다 보면 "이 책이 이렇게 좋은 책인 줄 몰랐다", "내 인생 책이 되었다"라는 이야기를 자주 합니다. 이처럼 독서가 주는 즐거움을 만끽한 적이 없으니 책을 읽어도 남는 게 없다는 말을 할 수밖에 없습니다.

그렇다면 책을 제대로 잘 읽는 것은 어떤 것일까요? 바로 책에서 알게 된 내용이나 사실을 내 삶에 직접 적용해보는 것입니다. 그것을 통해 내 삶이 바뀌거나 생각이 달라졌을 때 우리는 책을 잘 읽었고, 책 읽기가 참 유용한 것임을 깨닫게 됩니다. 이런 경험을 하게 된 아이들은 다시 그런 경험을 하기 위해 책을 읽게 되고 그것은 결국 독서 습관으로 이어집니다.

『목욕 중』은 아이들이 읽고 삶에 적용해보기에 아주 적합한 책입니다. 단순히 생활습관 개선용으로 이 책을 읽었다가 책이 전하는 여러 재미있는 요소들과 아이들이 실생활에서 적용할 수 있는 내용에 환호를 지르는 부모들도 많이 볼 수 있었습니다.

의성어와 의태어를 힘주어 읽어주세요

주인공 산이는 씻기 싫어하는 아이입니다. 아빠의 고함소리가 들리자 동생 천이가 있는 욕조로 들어가는데요. 들어가자마자 '풍덩' 소리와 함께 산이는 신나는 물속 여행을 떠나게 됩니다.

물 속에서 산이는 다양한 풍경들을 만나게 됩니다. 많은 물고기들이 훨훨 날 듯이 헤엄치고, 뻐끔뻐끔 아가미로 숨을 쉬는 신기한 광경들을 만나게 됩니다. 그뿐만이 아닙니다. 힘차게 물살을 가르는 커다란 물고기, 혀를 날름거리는 상어를 만나기도 합니다.

그림책을 재미있게 읽어주는 방법은 의성어와 의태어를 잘 활용하는 겁니다. 의성어와 의태어 부분에서 살짝 힘을 주어서 읽어보세요. 그럼 아이가 책에 더 깊이 몰입할 수 있습니다. 좋은 독서 경험 중 하나는 아이 스스로 몰입하게 하는 것인데요. 아이 혼자의 힘으로 책에 몰입하기 쉽지 않습니다. 그렇다고 동화구연전문가처럼 책을 읽는 것도 한계가 있고요. 그럴 때는 책에 나온 의성어와 의태어만이라도 힘을 주어 읽게 되면 아이가 훨씬 더 글에 잘 몰입할 수 있으니 이 점을 잘 활용해보는 것도 좋습니다.

📖 그림책 깊이 읽기

1/ 여러분은 산이처럼 목욕하는 것을 싫어하나요? 아니면 산이와 반대로 좋아하나요? 산이는 왜 목욕하는 것을 싫어할까요?

2/ 일상생활 속에서 꼭 해야만 하는 일(목욕을 빼고) 중에서 여러분이 싫어하는 것은 어떤 것이 있을까요? 왜 그것을 해야만 하는지 이유도 말해보세요.

3/ 욕조에 '풍덩' 들어간 산이는 신기한 물속 광경을 보게 되는데요. 산이와 천이의 눈에 담긴 욕조 속 풍경을 그림책을 보며 꼼꼼하게 설명해보세요(아래 질문 참조).

> 산이와 천이가 물속 세계로 '풍덩' 들어갔네. 와, 바로 물속 세계가 펼쳐지는데 이 그림을 한번 설명해볼까? 물속 풍경이 어떻게 보여? 풍경 중에서 제일 큰 것은 무엇이고, 제일 작은 것은 무엇일까?

📕 세상 쉬운 부모표 문해력 연습

엉뚱한 글짓기대회가 열렸습니다.

풍경이나 상황을 묘사할 때 의성어나 의태어를 쓰면 더욱더 실감 나는 글을 쓸 수 있지요. 『목욕 중』에 나온 의성어와 의태어를 찾고 그 단어들을 활용해서 5문장의 엉뚱한 글짓기를 해보세요. 그림책의 그림을 함께 보면서 그 상황에 맞는 의성어와 의태어를 찾아 따로 옮겨 적거나 책에 직접 표시하게 해도 좋습니다.

> 길을 가는데 아이가 소리를 **꽥** 질렀어요. 이때 **깜짝** 놀란 나는 입에 있던 얼음을 **풍덩** 컵에 떨어뜨리고 말았습니다. 마치 얼음이 **훨훨** 나는 느낌이었어요. 나는 너무 놀라 눈만 **뻐끔뻐끔** 거리고 있었어요. 정말 황당한 날이었습니다.

📕 문해력 활동 후 부모의 생각 한 줄

아이가 재미있어 했던 질문이나 활동 혹은 어려워했던 부분에 대한 생각을 남겨보세요.

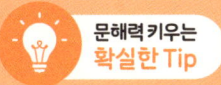
문해력 키우는
확실한 Tip

의성어, 의태어를 자연스럽게 익혀요

의성어와 의태어는 아이의 표현력을 풍부하게 해줍니다. 다양한 의성어와 의태어를 평소 일상 생활 속에서 자주 쓰게 하거나 그림책이나 동화책을 읽을 때 의성어와 의태어가 나오면 아이가 직접 읽게 하거나 쓰게 하면 아이가 이 단어들을 특별히 더 잘 기억하고 자신이 글을 쓸 때나 표현해야 하는 순간 잘 활용하게 됩니다. 의성어와 의태어로 아이의 풍부한 표현력을 깨워주세요.

나와 내 주변의 관계에 대해 생각해요

『할머니 주름살이 좋아요』
글·그림 시모나 치라올로 | 역자 엄혜숙
미디어창비
비유적 표현 # 어휘력 # 할머니

문해력 포인트 비유로 표현하는 법을 익혀요

    할머니가 주인공인 그림책이 참 많습니다. 지구를 지키는 용감한 할머니가 주인공인 『할머니의 용궁 여행』, 매일 어딘가로 자전거 여행을 떠나는 할머니의 이야기가 담긴 『따르릉 할머니, 어디 가세요?』, 몸이 아파서 바다에 갈 수 없는 할머니가 손자가 가져온 소라 속으로 들어가 바다로 휴가를 떠나 『할머니의 여름휴가』 등 여러 그림책에서 할머니들의 맹활약을 만날 수 있습니다. '빨리빨리'에 익숙한 요즘, 조금은 느리고 조금은 여유로운 할머니의 모습을 통해 작은 위로를 느낄 수 있어 할머니가 그림책에 자주 등장하고 계신 것은 아닐까 짐작 해봅니다. 넉넉한 할머니의 웃음과 주름진 세월의 흔적, 뭐든 해달라고 하면 뚝딱뚝딱 만들어 주시는 할머니를 통해 무엇이든 포용하는 넓은 마음을 배워봅니다.

『할머니 주름살이 좋아요』 역시 할머니가 주인공인 예쁜 그림책입니다. 표지뿐만 아니라 페이지 전체를 아우르는 분홍색이 마치 할머니의 주름살을 잠시 가려주듯 '샤방샤방'해 보입니다. 작가 시모나 치라올로는 아주 깜찍한 손녀를 등장시켜 할머니의 주름살을 제대로 '찬양'하는 그림책을 선사했습니다. 주름이 단순히 나이가 들어가는 흔적과 표식이 아닌 세월과 추억을 담고 기억하는 장소라는 발상은 읽는 이들로 하여금 감탄을 자아내게 합니다.

내 얼굴에서 지우고 싶다고 여겼던 주름살도 그림책의 한 모티브가 될 수 있다는 사실이 놀랍습니다. 더불어 주인공으로 등장하는 꼬마 아가씨의 귀여운 외모와 할머니가 짓는 순간순간의 표정이 마음을 따뜻하게 하는 아름다운 책입니다.

📖 어떻게 읽어야 할까?

인간은 관계를 통해 세상을 배웁니다. 나뿐만 아니라 함께 사는 가족과 학교 친구와 선생님을 통해 세상을 알고 익힙니다. 그들과 다양한 추억을 만들며 한 뼘씩 커나갑니다.

깜찍하고 귀여운 손녀는 할머니의 생일날 기뻐해야 할 할머니의 표정이 그리 좋지 않음을 깨닫습니다. 어쩐지 슬퍼 보이고, 놀란 것 같기도 하고, 걱정스러운 듯이 보인다고 표현합니다. 아이가 할머니의 표정을 제대로 읽어냈습니다. 아이는 할머니에게 다가가 할머니의 '주름살'에 대해서 이야기를 꺼냅니다. 그러자 할머니는 주름살 안에 있는 자신의 여러 인생 이야기를 아이에게 들려줍니다. 거기에는 아이가 모르는 할머니의 젊은 시절의 이야기가 담겨있습니다. 할머니의 주름살이 쭈글쭈글해진 피부 노화로 인한 현상이 아닌 할머니의 삶을 그대로 대변해주는 하나의 증표임을 이야기합니다.

아이들은 조부모님을 만나면 어색해 하는 경우가 많습니다. 쭈뼛거리며 곁에 다가오려고 하지 않는 아이들도 꽤 많죠. 우리는 부모 없이는 이 세상에 존재할 수 없습니다. 아이들에게 조부모님에 대한 이야기를 자주 해주세요. 엄마, 아빠도 누군가의 자식이고, 지금의 아이들을 있게 한 소중한 분들임을 깨닫게 해야 합니다. 가족의 범위가 현재 함께 사는 부모와 형제뿐만 아니라 훨씬 더 확장된 개념의 형태라는 것도 인지시켜주세요. 좀 더 넓은 개념의 가족을 확립한 아이들은 주변을 살피고, 어른을 공경하는 마음을 자연스럽게 습득하게 됩니다.

우리 몸에는 주름 외에도 어릴 적 기억과 추억을 보관하는 다양한 장소가 있다는 것을 함께 이야기해보세요. 꼭 주름이 아니더라도 귀 밑(들었던 이야기), 코 밑(맡았던 향기나 냄새), 눈 밑(보았던 것), 이마(생각한 것) 등 인체 곳곳에 스며들 수 있는 기억과 추억에 대해 아이들과 이야기 나누면 좋습니다.

📖 그림책 깊이 읽기

1/ 그림책의 첫 장에 아이는 할머니의 얼굴이 '어쩐지 슬퍼 보이고, 놀란 것도 같고, 어딘가 걱정스러워 보인다'고 했습니다. 여러분은 그림책 속 할머니의 얼굴이 어떻게 보였나요?

2/ 할머니는 주름살 속에 모든 기억이 담겨 있다고 이야기합니다. 여러분은 할머니의 주름살 속에 무엇이 있다고 생각하나요? 빈칸을 채워보세요('기억' 외에 다른 단어를 생각해봅니다).

> "이 주름살 속에는 내 모든 _____ 이 담겨 있거든!"

3/ 내 몸에도 할머니의 주름살처럼 기억이 담긴 곳이 있을까요? 있다면 어디에 어떤 기억이 담겨 있을지 같이 상상해보고 이야기 나눠보세요.

📖 세상 쉬운 부모표 문해력 연습

그림책 『할머니의 주름살이 좋아요』를 읽고 난 후 엄마, 아빠와 함께 우리 가족만의 기억을 기록해봅니다. 여름날 뜨거운 햇살 아래에서 물놀이를 했던 기억, 돌잔치 때 연필을 쥐며 눈을 동그랗게 떴던 순간, 어려운 수학문제를 풀고 뿌듯했던 날 등 가족과 함께 했던 기억들을 할머니의 사진첩처럼 모아봅니다. 이때 아이는 최근에 있었던 위주로 기록하고, 엄마, 아빠는 아이가 잘 기억하지 못하는 아주 어렸을 때 기억을 꺼내면 더 알찬 우리 가족만의 기록창고를 만들 수 있겠지요. 우리 가족만의 기억창고 만들기는 1년에 한번씩 온 가족이 함께 모여서 하면 좋습니다(각종 가족들이 함께 했던 순간들을 담은 사진들을 첨부해주세요).

📖 문해력 활동 후 부모의 생각 한 줄

아이가 재미있어 했던 질문이나 활동 혹은 어려워했던 부분에 대한 생각을 남겨보세요.

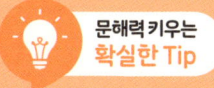 **문해력 키우는 확실한 Tip**

다양한 비유법을 익혀요!

우리말에는 다양한 비유법이 있습니다. 초등학교 고학년이 되면 국어시간에 비유법을 배우기도 하지만 아이가 어렸을 때 읽는 그림책이나 동화책에도 다양한 비유법이 많이 나오니 책을 통해서 자연스럽게 익히게 해주면 책을 이해하는 데 도움이 됩니다.

표현하고자 하는 대상을 다른 대상에 비유해서 표현하게 되면 상대에게 좀 더 명확하게 전달할 수 있습니다. 사람이 아닌 것을 사람인 것처럼 표현하는 의인법(예: 나뭇가지가 슬프게 울었어요), 사물의 소리를 그대로 묘사해서 표현하는 의성법(예: 시냇물이 졸졸졸 흐른다), 사물의 상태나 동작을 표현하는 의태법(예: 후다닥 토끼가 달아났어요) 등 간단한 몇가지 비유법만 익혀도 아이들이 책을 더 생동감 있게 읽을 수 있고, 텍스트를 잘 이해하는 지름길이 되기도 합니다.

보이는 것이 전부는 아니야

『집 안에 무슨 일이?』
글·그림 카테리나 고렐리크 | 역자 김여진
올리
사고력 # 추리력 # 상상력

문해력 포인트 생각하는 힘을 키워요

  아이들이 그림책에 흥미를 느끼게 하는 방법 중 하나는 다양한 형태의 그림책을 활용하는 것입니다. 그중 '팝업북'은 아이들에게 매우 흥미로운 형태의 책입니다. 현란하고 스마트한 장난감에 익숙한 아이들은 넘기기만 하는 단조로운 그림책에 때로는 흥미를 못 느끼거나 금방 싫증을 낼 수도 있습니다. 그럴 때는 적당한 팝업북을 활용해서 그림책에 대한 친밀도를 높여주세요. 다양하게 변화하는 팝업북은 책에 대한 흥미를 높이는 데 도움이 될 뿐만 아니라 책에 대한 막연한 경계심을 풀어 주기도 하고, 호기심을 더욱더 증대시키기도 합니다.

  『집 안에 무슨 일이?』는 아주 흥미로운 그림책입니다. 우선 책이 담고 있는 주제는 '창(프레임)을 통해 보이는 것으로 어떤 사물이나 상황을 판단하지 말자'라는 다소 어려운 이야기입니다. 아주 좋은 담론인데 아이들에게 설명하기가 힘들면 그것만큼 안타까운 일도 없지요. 이 책은 같은 장면이지만 창문을 통해서 바라본 모습과 창문 없이 바라본 모습의 차이를 극명하게 느낄 수 있도록 팝업북의 형태로 제작되어 작가가 전달하고자 하는 메시지를 아이들이 자연스럽게 느낄 수 있도록 만들어졌습니다. 친절하고 다정한 작가의 마음이 고스란히 느껴지는 책입니다.

험상궂은 모습의 늑대도 창문을 걷어내고 보면 열심히 책을 읽는 학구열 불타는 늑대라는 것을 알게 되죠. 얌전하게 엄마를 기다리고 있는 줄 알았던 아기 염소들은 알고 보니 온 집 안을 엉망진창으로 만들어 놓은 장난꾸러기라는 사실도 알게 됩니다. 한편으로는 집 안에 공룡이 나타난 줄 알고 바짝 긴장했는데 창문을 열고 들어가 보니 공룡모양의 장난감이라는 사실을 알고, 안도의 숨을 쉬기도 합니다.

그림책은 '눈에 보이는 모습이 전부는 아니다'라고 말해줍니다. 뭐든 너무 지나치게 의심하는 것도 문제지만 한 번쯤 숨을 크게 쉬고 안쪽까지 자세하게 들여다볼 줄 아는 마음의 여유가 필요함을 느끼게 합니다.

『프레임』의 저자 최인철은 프레임을 '세상을 바라보는 마음의 창'이라고 했습니다. 어떤 프레임으로 세상을 바라보느냐에 따라 같은 상황도 다르게 느낄 수 있습니다. 마치 이 책의 여러 상황처럼 말입니다. 앞으로 아이들이 만나게 될 세상에서 아이들은 즐겁고 긍정적인 상황만 만나게 되진 않을 겁니다. 아이들이 넓은 세상에서 좀 더 유연한 삶의 방식과 살아가는 태도를 익히기 위해서는 다양한 방식으로 세상을 볼 줄 아는 '눈'을 키우는 것이 필요합니다. 이 그림책을 통해 그런 삶의 태도를 배울 수 있다면 참 좋겠습니다.

📖 어떻게 읽어야 할까?

이 책에서 동물들이 사는 집은 창문을 통해 본 모습과 창문을 열고 들어가서 본 모습이 다릅니다. 책을 읽기 시작하면서 창문을 통해 본 모습과 창문을 걷어내고 본 모습에 대해서 아이 스스로 생각하고 말할 수 있도록 유도해주세요. 창문을 통해서 본 모습을 통해 어떤 일이 집안에서 벌어지고 있는지 상상하게 해보는 것도 좋은 방법입니다.

"혜인아, 이 그림책의 제목은 『집 안에 무슨 일이?』란다. 동물친구들의 집에 각자 어떤 일이 벌어졌는지 한번 살펴볼까? (창문을 통해서 본 장면을 먼저 가리키며) 이 친구의 집에는 무슨 일이 벌어졌을지 상상해볼까? 과연 실제로는 어떤 일이 일어났는지 창문을 열어볼까?"

책을 다 읽고, 창문을 통해서 본 집 안의 장면과 창문을 통해서 보지 않은, 실제 집안의 모습에 대해 그 차이점을 이야기할 수 있도록 해주세요. 그리고 종이 한장에 작은 창문을 뚫어서 그림책 외에 다른 매체(잡지나 신문 등)를 활용해서 시도해봅니다.

"혜인아, 이번에는 (창문이 뚫린 종이 한 장 준비) 이 종이로 이 사진들을 한번 볼까? 창문을 통해서 보면 어떻게 보여?"

이처럼 '창문'이라는 프레임을 통해서 보면 실제의 세상을 제대로 볼 수 없다는 것을 직접 몸으로 느끼게 해주시면 아이들은 이 작은 활동을 통해 세상을 바라보는 눈을 익히게 될 것입니다.

📖 그림책 깊이 읽기

1/ 표지의 창문을 보니 늑대가 보입니다. 늑대는 지금 집 안에서 무엇을 하고 있을까요?

2/ 표지를 펼치니 집 안에 있는 늑대의 모습이 완전히 보입니다. 늑대는 지금 무엇을 하고 있나요?

3/ 창문을 통해서 본 모습과 창문 없이 본 실제의 모습이 많이 다

릅니다. 여러분은 혹시 이런 경험이 있나요? 있다면 이야기해 주세요.

📖 세상 쉬운 부모표 문해력 연습

『집 안에 무슨 일이?』의 뒷표지에 "보이는 것이 전부는 아니란다"라는 문장이 적혀있습니다. 이 문장의 뜻이 무엇이라고 생각하는지 아이와 함께 자유롭게 이야기해주세요.

📖 문해력 활동 후 부모의 생각 한 줄

아이가 재미있어 했던 질문이나 활동 혹은 어려워했던 부분에 대한 생각을 남겨보세요.

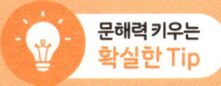

생각하는 힘을 키우는 문장 읽기

한 문장 한 문장 곱씹고 이 문장이 어떤 의미가 있는지 생각하면서 책을 읽는 아이와 그렇지 못한 아이는 차이가 큽니다. 문장은 빨리 읽는 것이 중요한 것이 아니라 그 문장 안에 들어있는, 숨어있는 의미까지도 읽어내는 힘, 즉 생각하는 힘을 키우는 것이 무엇보다 중요합니다. 하지만 '빨리빨리'에 익숙한 아이들에게 생각하는 힘을 키우게 하는 것은 쉽지 않습니다.

『집 안에 무슨 일이?』와 같은 팝업북을 활용하면 아이에게 생각하는 힘이 어떤 것인지 이해시킬 수 있습니다. 창문을 통해 바라본 동물들의 얼굴과 창문을 열고 본 동물들의 모습은 사뭇 다릅니다. 창문을 열기 전에 어떤 상황일지 스스로 생각하는 시간을 갖게 해주세요. 그리고 내가 상상했던 것과 어떻게 다른지 자각하는 과정을 통해 아이들은 혼자 힘으로 생각하는 힘을 키우게 됩니다.

이상하고 재미있는 우리 할머니

『따르릉 할머니, 어디 가세요?』
글·그림 김유경
씨드북
삶의 지혜 # 할머니 # 표현력

문해력 포인트   경험은 가장 좋은 문해력 수업

"작가님, 초등학생 손주를 돌보고 있는 할머니입니다. 손주에게 책을 읽어주고 싶은데 글자가 많은 동화책은 힘들 것 같아요. 그림책은 할 수 있을 것 같은데 할머니가 책을 읽어줘도 아이에게 도움이 될까요?"

종종 강연장에 손주를 키우는 조부모들이 참석합니다. 부모의 위대함을 느끼는 순간이지요. 자식을 위해 손자, 손녀까지 알뜰살뜰하게 잘 보살피고, 시간을 내어 부모교육에까지 참석하는 모습을 통해 부모 사랑의 끝은 어디까지인가 생각합니다.

요즘 '황혼 육아'를 하는 조부모들도 아이의 교육에 무척 관심이 많습니다. 하지만 어느 순간, 체력의 한계를 느낀다고 합니다. 그래도 그림책이라면 조부모도 쉽게 할 수 있습니다. 할머니, 할아버지가 가진 삶의 탄탄한 내공과 수많은 경험들이 아이들에게 책을 읽어줄 때 더 빛을 발하지 않을까 생각됩니다. 책이 많지 않던 어린 시절, 할머니, 할아버지가 들려주시던 옛이야기만으로도 우리의 문해력은 튼튼했습니다. 할머니, 할아버지의 다양한 경험을 아이들에게 많이 들려주세요. 이것이 어쩌면 최고의 문해력 수업일지도 모릅니다.

그림책 『따르릉 할머니, 어디 가세요?』에는 매일 자전거를 타고 어디론가 활기차게 가는 할머니가 등장합니다. 할머니의 시선으로 본 다양한 동네의 풍경들이 나오지요. 아이들과 함께 읽으며 할머니의 시선으로 본 동네 풍경을 이야기할 수도 있고, 아이의 시선을 본 동네 풍경을 이야기할 수도 있습니다.

어떻게 읽어야 할까?

타인과의 유대감을 길러주세요

그림책 속에 등장하는 할머니는 동네 곳곳을 다니며 학교에 늦은 옆집 수호를 데려다 주고, 병들어 누워 있는 길고양이를 따뜻하게 보듬어 주고, 동물병원에도 데려다 줍니다. 어디선가 마을에 무슨 일이 생기면 나타나 자전거와 함께 해결해주시지요. 오후가 되자 아침에 학교에 데려다 준 수호와 동네를 한바퀴 돕니다. 할머니의 '따르릉' 자전거는 정말 못하는 게 없는 만능치트기네요.

　이 책을 통해 아이들에게 누군가를 돕는 일은 대단하고 큰 일이 아님을 일깨워주세요. 그리고 할머니처럼 주변을 잘 살피고 관심을 기울여야 한다는 것도 알려주세요. 인간은 절대 혼자 살 수 없습니다. 아이에게 가족뿐만 아니라 이웃, 타인과의 유대감을 가져야 하는 이유를 설명해주시고, 함께 살아가는 이웃에게 내가 할 수 있는 것은 무엇인지 함께 고민하는 시간도 가져보세요. 그리고 이런 일들은 길을 갈 때 휴대폰만 쳐다보면 절대 이루어질 수 없다는 사실도 주지시켜 주세요. 멋진 동네 풍경과 소소한 내 이웃들의 이야기를 아이들도 직접 체험할 수 있도록 해주시는 것도 잊지 마시고요.

한 페이지씩 나눠 읽어요

　그림책을 읽어줄 때 처음부터 끝까지 한 사람이 읽을 필요는 없습니다. 아이가 한글을 터득했고 읽기에 적극적인 반응을 보인다면 한 쪽씩 나누어 읽어도 좋습니다. 이 방법을 통해 아이의 현재 읽기 상태가 어떤지 파악할 수 있습니다.

　처음에는 분량이 많지 않은 페이지나 이미 한 번 읽은 책으로 나눠 읽기를 시도해보시면 좋습니다. 아이의 읽기 속도를 잘 살펴보시고, 잘 읽지 못하는 단어나 문장은 어떤 것이 있는지 살펴보시면 아이의 문해력을 파악하는데 도움이 되실 겁니다. 더불어 아이와 나눠 읽기를 하실 때 부모나 조부모가 지나치게 빠르게 읽게 되면 아이가 소리내어서 읽는 것에 부담을 느낄 수 있습니다. 천천히 아이의 속도와 비슷한 속도로 읽기를 적극 권장합니다.

천천히 자전거를 타고 가면서 느끼는 동네 풍경을 관찰할 수 있도록 아이의 시선에서 책을 살펴볼 수 있도록 유도해주시는 것도 이 책을 온전히 이해하는 방법 중 하나입니다. 마치 내가 할머니의 자전거 뒷 좌석에 타고 있다고 생각해보는 것도 좋겠지요.

📖 그림책 깊이 읽기

1/ 할머니가 자전거를 타고 간 곳은 어떤 곳이고, 할머니는 그곳에서 무엇을 하셨나요?

2/ 할머니가 자전거를 타고 지나온 길목 중에서 가장 인상적인 곳은 어디인가요? 그 장소에 대해서 자세하게 묘사해보세요.

📖 세상 쉬운 부모표 문해력 연습

만약 할머니처럼 자전거를 타고 멀리 갈 수 있다면 가고 싶은 곳은 어디인지, 무엇을 보고 싶은지 질문해주세요. 이때 대답은 가능하면 시간 순서대로 말하거나 적도록 훈련을 해보세요. 시간 순서대로 묘사하는 방법을 익히는 좋은 방법이 됩니다.

 **문해력 활동 후 부모의 생각 한 줄**

아이가 재미있어 했던 질문이나 활동 혹은 어려워했던 부분에 대한 생각을 남겨보세요.

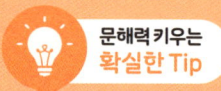 **문해력 키우는 확실한 Tip**

경험은 가장 좋은 문해력 수업

아이들이 왜 다양한 표현을 쓰지 못할까요? 인간은 경험의 동물입니다. 몸으로 기억한 것은 시간이 오래 지나도 기억합니다. 아이들의 표현력을 증대시키기 위한 최고의 방법은 직접 경험입니다. 최고의 문해력 수업 역시 마찬가지입니다. 몸과 마음으로 기억한 것은 그 어떤 것보다 빨리 이해하고 습득됩니다. 산에서 직접 나무를 보고, 동물원에 가서 직접 눈앞에서 동물을 본 친구들과 영상으로 본 느낌을 표현하는 친구들은 표현력에 있어서 현격한 차이를 보이겠지요. 오감(시각, 청각, 후각, 미각, 촉각)을 통해 온몸으로 얻는 경험은 사라지지 않는 최고의 문해력 수업입니다. 가능하면 아이들이 직접 보고 듣고 만지고 느낄 수 있도록 다양한 체험의 기회를 많이 만들어주세요.

엄마, 아빠에 대해 궁금해요

『엄마 아빠의 작은 비밀』
글 박보람 | 그림 한승무
노란상상
질문의 힘 # 친구같은 부모 # 관찰력

문해력 포인트 좋은 질문의 힘

   한 온라인 강의 플랫폼에서 초등학생을 위한 글쓰기 수업을 운영 중입니다. 비대면 시대에 직접 만나기 어려운 친구들을 만나 온라인 상이지만 서로의 글을 나누며 좀 더 쉽고 재미있게 글쓰기를 시작하길 바라는 마음으로 시작한 수업이었습니다.

   아이들은 제가 제시한 글쓰기 미션을 영상으로 보고, 글을 씁니다. 이 초등 글쓰기 수업 미션 중 하나로 유명 TV 프로그램인 「유 퀴즈 온 더 블록」을 응용해 주변 사람을 인터뷰할 질문지를 작성하고, 프로그램의 방송 인터뷰 대본을 직접 써보는 미션이 있습니다.

   인터뷰는 타인을 이해하는 가장 좋은 방법이자 수단입니다. 인터뷰할 사람을 고르는 순간부터 인터뷰이는 그 사람을 생각하고 떠올립니다. 그와 평소에 나누었던 이야기와 말 등을 생각하고 곱씹으며 그를 관찰합니다. 그리고 그에게 궁금한 것을 질문지로 하나씩 만들어나갑니다. 질문을 뽑으며 다시 한번 전에는 몰랐던 그 사람에 대한 나의 마음과 생각도 정리해봅니다. 전에는 이해하지 못했던 그 사람과의 관계도 다시 한번 정리하고 이해합니다. 고민하고 생각한 질문지를 작성한 후 인터뷰 대상을 만나 직접 그에게 물어보면서 그 사람을 더욱더 새롭게 알게 됩니다.

재미있는 사실은 이 미션에서 아이들의 90%는 부모님을 인터뷰한다는 것입니다. 친구나 지인, 친척들을 아무리 예시로 들어도 아이들의 90%는 부모님을 인터뷰합니다. 그 이유를 물었더니 엄마, 아빠의 생각이 궁금하다가 1위, 내가 태어나기 전 엄마, 아빠는 어떤 사람이었는지 알고 싶다가 2위였습니다. 생각해보니 아이들은 부모의 어린 시절을 본 적이 없으니 이런 궁금증은 어쩌면 당연합니다.

부모님을 인터뷰하기 위한 아이들의 질문지에는 기상천외한 질문들이 가득합니다.

"엄마는 왜 그렇게 운전을 잘하시나요?"

"엄마는 어렸을 때 공부를 잘했나요?"

"아빠는 엄마가 첫사랑이신가요?"

"아빠가 제일 무서워하는 것은 무엇인가요?"

아주 소소하지만 예리한 관찰력이 없으면 결코 나올 수 없는 질문입니다. 아이들의 질문지를 보면서 가장 잘 알고 있다고 믿었지만 가장 모르고 더 알고 싶은 것이 어쩌면 부모와 자식의 관계가 아닐까 생각했습니다. 그리고 이런 과정을 통해 서로를 또 알아가는 것이 가족이구나 싶었고요.

『엄마 아빠의 작은 비밀』에 등장하는 엄마, 아빠처럼 부모도 '무서운 게' 있다고 말해보세요. '누워서 아무것도 하기 싫은 날'도 있고, '밥도 먹기 싫은 날'도 물론 있다고요.

저의 아버지는 저에게 '영웅'같은 존재셨습니다. 항상 책을 읽고 글을 쓰는 일을 멈추지 않았던 사람, 자식과 가족을 위해 자기 한 몸을 헌신했던 사람, 그 사람이 아버지였습니다. 아마도 이 책을 읽고 계신 여러분의 아버지, 어머니도 그런 분들이셨을 겁니다. 그때는 그랬으니까요. 하지만 요즘 아이가 바라는 부모의 상은 다릅니다. 아이들에게 '영웅'이기보다는 이 사회를, 이 시대를 함께 살아가는 동시대 사람으로서의 '부모'를 원합니다. 힘들면 기댈 수 있고, 서로 위로가 되는 존재, 나와 비슷한 생각과 감정을 느끼는 사람이 부모임을 아이가 느낄 수 있도록 '작은 비밀'을 공유해보세요.

어디선가 누군가에게 무슨 일이 생기면 짜잔 번개처럼 나타나는 사람이 아닌 언제나 내가 힘들 때 기댈 수 있는 그런 편한 '친구' 같은 사람으로요. 친한 친구가 되려면 서로가 공유하는 작은 비밀 하나쯤 있어야 하지요. 아이에게 나의 작은 허물이나 실수를 보였다고 해서 부끄러워하거나 애써 감추지 마세요. 그 비밀을 함께 공유하며 부모 역시 힘든 시기를 같이 걸어가는 동반자임을 느끼게 해주면 아이들에게 어려운 일이 도래했을 때 아이는 부모에게 도움을 청하고, 고민을 이야기하는 그런 아이로 자랄 것입니다.

학원에 다녀온 아이가 한마디 합니다.

"엄마, 나 학원 가 있을 동안 뭐 했어?"

"음… 오래간만에 드라마 봤어. 그래서 저녁을 못 했는데, 우리 오늘 저녁은 배달 음식으로 먹을까?"

아이가 신나서 배달 앱을 켜네요.

 어떻게 읽어야 할까?

친밀감은 가장 큰 유대감입니다

그림책 『엄마 아빠의 작은 비밀』은 엄마, 아빠의 속마음을 들려주는 '귀한' 책입니다. 아이들은 부모를 사랑하고 부모의 행동 하나하나를 눈여겨봅니다. 때로는 아이의 맹목적인 사랑이 부담스럽기도 하지만 세상에 태어나 처음 본 사람, 부모에게 애정과 사랑을 표현하는 것은 본능이지요.

아이의 맹목적인 사랑에 화답이라도 하는 듯 우리는 좋은 부모가 되기 위해 열심히 공부합니다. 하지만 완벽한 인간이 없듯이 완벽한 부모는 없습니다. 아이가 점점 커가면서 '위대하고 대단했던' 부모와의 관계에서 틀어지는 결정적인 이유는 서로의 부족한 면을 인정하지 않기 때문입니다. 서로의 부족한 면을 인정하고 그것을 공유하는 '작은 비밀'을 하나씩 알게 된다면 아이와 부모는 그 누구도 범접할 수 있는 '친밀한 관계'가 될 것입니다.

이때 서로의 '부족한 면', '인간적인 면모'를 활용해보세요. 아이가 공부하기 싫은 날이 있는 것처럼 엄마, 아빠도 집안일, 회사일이 일하기 싫을 때가 있다는 것을 알려주세요. 그리고 그런 위기를 어떻게 극복하면 좋을지 서로의 방법을 공유해보세요.

"태민아, 엄마는 말이야. 사실 저녁을 먹고 나면 설거지하기가 정말 싫어. 눕고만 싶고, 그냥 TV만 보고 싶어. 태민이도 엄마처럼 꼭 해야 하는 일인데 하기 싫을 때 있지 않아? 그런 때는 언제야?"

아이에게 나만의 '비밀'을 털어놓으세요

더불어 어린 시절 나만의 '비밀'이 있다면 아이와 함께 공유해보세요. 부모는 항상 자신의 어린 시절을 아주 대단한 무엇으로 포장하려고 합니다. 너무 멋져서 '쳐다보기' 힘든 부모가 아닌 나의 작은

'치부'를 드러내면서 아이에게 동질감을 느끼게 하는 부모가 되어보는 건 어떨까요?

"태민아, 사실 엄마도 어렸을 때 구구단을 못 외워서 정말 고생했어. 다른 친구들은 척척 외우는데 엄마는 솔직히 4학년이 되어서야 겨우 외웠거든. 우리 태민이는 이제 겨우 2학년이니 엄마보다 훨씬 빠른 거야. 조급하게 생각하지 말고 천천히 하루에 3분씩만 구구단 외우는 시간을 가져보는 건 어떨까?"

📖 그림책 깊이 읽기

1/ 이 책에 등장하는 엄마, 아빠에는 어떤 비밀이 있나요? 그 비밀을 기억나는 대로 글로 적거나 말로 이야기해보세요.

2/ 여러분에게도 엄마, 아빠에게 말하지 못한 비밀이 있다면 어떤 것이 있을까요? 한 가지만 공개해주세요.

3/ 이 책에 나오는 엄마, 아빠는 아이에게 자신의 비밀을 털어놓습니다. 여러분은 아이에게 자신의 비밀을 이야기하는 그림책 속 엄마, 아빠에 대해 어떻게 생각하나요?

📕 세상 쉬운 부모표 문해력 연습

엄마, 아빠에게 어떤 비밀이 있는지 인터뷰해봅시다. 인터뷰할 날짜를 정하고, 아이에게 엄마, 아빠에게 궁금한 것 10가지를 질문지로 뽑아놓도록 합니다. 이때 '엄마, 아빠의 작은 비밀을 공개해주세요'는 필수 질문입니다. 질문지가 준비되면 인터뷰를 진행하고, 그 내용을 글로 정리합니다. 인터뷰 내용을 녹음하는 것도 좋은 방법입니다.

📕 문해력 활동 후 부모의 생각 한 줄

아이가 재미있어 했던 질문이나 활동 혹은 어려워했던 부분에 대한 생각을 남겨보세요.

좋은 질문은 문해력 향상의 지름길

부모나 선생님이 아닌 아이가 질문할 수 있는 시간과 여유를 만들어주세요. 아주 단순한 궁금증부터 상대의 생각을 묻는 질문까지 스스로 질문을 만드는 과정을 통해 질문하는 방법을 익히게 됩니다. 특히 한 사람이나 책에서 집중적으로 질문을 만들게 하는 '범위가 있는 질문 만들기'를 통해 책이나 사람을 면밀하게 관찰하는 힘도 길러지니 시도해보세요.

13강
지구는 우리가 지켜야지요

『할머니의 용궁 여행』
글·그림 권민조
천개의바람
환경문제 # 나만의 의견 # 발표력

문해력 포인트 이야기를 읽고 자신만의 생각을 표현해봐요

공개수업에 가면 눈에 띄는 아이들이 있습니다. 바로 발표할 때 자신의 생각을 잘 정리해서 또렷하게 이야기하는 친구들이지요. 왜 그런 아이들은 우리 집에는 없고 항상 남의 집에만 있는 걸까요?

어떤 상황에서나 자신의 생각을 잘 정리해서 일목요연하게 이야기하는 것, 어쩌면 엄마들이 모두 바라는 '아이의 상'이 아닐까요. 그렇게 자신의 생각과 의견, 주장을 잘 표현하는 아이로 자라게 하려면 가장 필요한 것은 무엇일까요? 바로 자신만의 생각 정리가 잘 되어 있어야 합니다. 그러기 위해서는 풍부한 독서를 통해 평소 자신의 생각을 잘 정리해두고, 이것을 기록하면서 자꾸 말과 글로 표현해서 다듬는 과정을 거쳐야 하는데요.

이를 위해 풍부한 독서(인풋)와 글과 말을 통한 생각 표현(아웃풋)이 적절히 이루어져야 합니다. 책을 통해서 사회 전반에 걸친 다양한 문제점을 접하고, 이를 자신의 생각과 잘 접목해 이 문제를 어떻게 해결해나가면 좋을지 스스로 생각하고 정리하는 과정은 그래서 필요한 것입니다.

『할머니의 용궁 여행』은 우리 사회에서 결코 빼놓을 수 없는 환경 문제를 작가의 위트 있는 시선으로 잘 담아낸 그림책입니다. 심각한 환경문제를 할머니의 재치 있는 입담과 상황 설정을 통해 아이들이 쉽고 재미있게 문제를 인식하고 해결하는 방법까지도 생각해볼 수 있게 합니다. 이 책은 제가 한 초등학교에 강의를 갔을 때 아이들이 직접 저에게 꼭 읽어보라고 소개해 준 책입니다. 그 후 최근에 읽는 책 중에서 가장 기억에 남는 책을 묻는 저의 질문에 많은 아이들이 이 책을 꼽는 것을 볼 수 있었는데요. 그만큼 아이들의 사랑을 듬뿍 받는 책입니다. 어려운 주제지만 아이들이 이렇게 재미있게 읽고 생각해볼 화두를 던진 작가에게 고마운 마음이 듭니다.

어떻게 읽어야 할까?

면지(표지를 넘겨 안쪽에 붙어있는 지면)를 그냥 넘기지 마세요

이 책을 펼치면 첫 장에 다양한 해산물 그림과 '숨'이란 단어가 나옵니다. 숨은 해녀들이 물질을 할 때 한번 참는 '숨'의 길이를 나타내는 단어입니다. 그리고 다양한 바다 생물들이 보이고 아래쪽에는 '해녀 수칙'이라는 10개의 문장이 보입니다.

해녀 수칙
1. 하나 더 잡으려다가 골로 간다.
2. 잠수는 한 번에 1분만
3. 물질은 하루 4시간만! 깊은 곳에서는 2시간
⋮

아이들에게 다소 낯선 단어들이 많지만 해녀들만의 규칙을 왜 이렇게 강조하고 싶었는지 아마 책을 다 읽고 나면 잘 알 텐데요. 우선 아이들과 함께 읽을 때는 면지를 먼저 읽고 본문에 들어가보세요. 이때 면지의 내용을 다 이해하지 않아도 됩니다. 단, 면지를 살피면서 본문내용을 유추하거나 생각하면 좋겠죠.

아윤이의 할머니는 해녀입니다. 할머니는 항상 재미난 바닷속 이야기를 아윤이에게 전해줍니다. 어느 날, 할머니는 전복을 따라 갔다가 으리으리한 용궁에 가게 됩니다. 용왕은 몸이 아프다고 하면서 할머니의 간을 내놓으라고 합니다. 그런데 가만히 보니 용왕 거북은 코에 플라스틱 빨대가 박혀 몹시 아파하고 있었습니다. 할머니가 용왕의 문제를 한 방에 해결하자 해양동물들이 줄을 서며 너나없이 아프다고 합니다. 각종 쓰레기로 온몸이 다친 동물들은 할머니의 '약손'으로 다들 건강을 되찾게 되는데요. 용궁 식구들은 할머니를 육지로 보낼 수 없다고 이야기합니다. 할머니는 용궁 식구들에게 육지 사람들이 바다에 플라스틱을 버리지 않게 하겠다고 굳게 약속합니다. 할머니는 무사히 육지로 나오게 되고 그다음부터 해녀 수칙에 0번이 생깁니다.

'0. 무조건 바다부터 살린다!'

환경에 대한 뉴스를 우리는 자주 접하게 됩니다. 하지만 환경을 지키는 일은 '환경운동가'나 '대단한 과학자'들이 앞장서서 해야 하는 일이라고만 여기죠. 물론 그들도 많은 연구를 해야겠지만 우리가 일상생활에서 환경을 지킬 수 있는 방법들을 직접 실천하는 것만큼 좋은 일은 없습니다. 아이들에게 환경을 잘 지켜야 한다는 막연한 말보다는 우리가 지금 당장 할 수 있는 구체적인 방법 하나를 찾아 실천해보는 것은 어떨까요?

📖 그림책 깊이 읽기

1/ 그림책을 펼치면 첫 장에 '해녀 수칙'과 다양한 해양생물들이 나옵니다. 그리고 맨 마지막 장에도 '해녀 수칙'과 여러 해양 쓰레기가 나옵니다. 두 장을 번갈아 보면서 달라진 점을 찾아보세요.

2/ 어느 날, 해녀 할머니는 바다에 들어갔다가 용궁에 가게 됩니다. 용궁에는 어떤 일이 벌어지고 있었나요?

3/ 만약 여러분이 용궁 마을 해양동물이라면 해녀 할머니를 육지로 보내줄 건가요? 아니면 용궁 마을의 주치의로 살게 할 건가요? 여러분의 의견은 어느 쪽에 조금이라도 가깝나요? 그 이유도 함께 이야기해보세요(완벽한 100%는 없습니다. 조금이라도 아이가 마음이 기우는 쪽으로(51:49) 선택하고, 그 이유를 말할 수 있도록 해주시면 됩니다).

📖 세상 쉬운 부모표 문해력 연습

1/ 오늘 쓰고 버린 플라스틱이나 비닐 등은 어떤 것이 있었는지 아이와 함께 하루 일과를 살펴보면서 천천히 적게 해주세요.

> 아이스크림의 봉투, 요거트통, 과일이 담긴 플라스틱 등

2/ 우리는 지구를 위해서 플라스틱이나 비닐의 사용을 줄여야 하는데요. 아이와 함께 플라스틱이나 비닐 사용을 줄일 수 있는 방법 2, 3가지 정도 이야기해보세요.

3/ 플라스틱과 비닐 사용을 줄일 수 있도록 1, 2번의 질문을 바탕으로 가족이나 친구에게 '왜 플라스틱과 비닐 사용을 줄여야 하는지'에 대한 글을 써보세요. 이때 글의 형식은 ① 편지, ② 주장하는 글, ③ 설명하는 글 중에서 아이가 자신의 생각을 전달하기 편한 형식을 선택할 수 있도록 지도해주세요.

📖 문해력 활동 후 부모의 생각 한 줄

아이가 재미있어 했던 질문이나 활동 혹은 어려워했던 부분에 대한 생각을 남겨보세요.

문해력 키우는 확실한 Tip

자신의 생각과 의견을 정리해요

문해력은 텍스트를 정확하게 읽고 자신만의 생각을 잘 정리해서 표현하는 것입니다. 이를 위해서는 다양한 의견을 들어야 하고 이를 통해 내 의견을 잘 정리해 주장해야 합니다. 내 의견만 주장하게 되면 편협한 표현이 될 수 있습니다. 내 주장에 대한 공감과 비공감의 의견 둘 다 수용하고 언급하는 태도가 중요합니다.

자기주도성을
키우는
그림책 문해력
수업

키가 크다는 것

『내 키가 더 커!』
글·그림 경혜원
비룡소
#성장 #왜 그럴까 #기준

문해력 포인트 생각 씨앗을 키우는 '왜'라는 질문

"에잇, 하나도 안 컸네."

등교 준비를 하다 말고 한쪽 벽에 붙어 섰던 아들이 투덜댑니다. 고등학생이 된 아이는 아침마다 자신의 키를 잽니다. 또래에 비해 키가 작다며 불평불만을 털어놓습니다. 하루가 멀다 하고 아침마다 키를 재니 눈에 띄는 변화를 느끼기 어렵겠죠.

"하룻밤 사이에 키가 크면 얼마나 크겠니. 한 보름 있다가 재 봐."

"아무래도 이번 생은 틀린 거 같아. 엄마, 아빠는 왜 그렇게 키가 작으세요?"

은근히 부모를 탓하는 한숨도 들려옵니다. 세상을 다 잃은 듯한 아이의 표정을 보면 언제 저렇게 커서 키 걱정까지 하는지 신기하기도 하고, 우습기도 합니다.

아이들은 '키'에 민감합니다. 특히 긴 겨울방학이 끝나고 개학을 하면 3월 한 달은 누가 얼마나 컸나 한동안 야단법석입니다. 또래보다 성장이 빠르다는 것은 왠지 모를 우월감을 만들어 줍니다. 하지만 정작 중요한 것은 겉으로 보이는 키가 아닌 마음의 성장임을 아이들은 잘 모릅니다. 그림책『내 키가 더 커!』에 나오는 동물들처럼요.

숲속 동물들은 서로의 키가 얼마나 큰지 '나무'에 대어 보느라 정신이 없습니다. 딱따구리, 다람쥐, 토끼, 들쥐, 멧돼지, 호랑이, 악어까지 각자 자신의 키가 더 크다며 커다란 나무에 등을 기대고 서서 서로를 곁눈질합니다. 이때 흑곰이 나타나 자신이 '더 크다'며 한껏 뽐냅니다. 하지만 이내 기다란 뱀이 나무 위에서 아래로 몸을 늘여뜨리며 자신이 더 크다 자랑합니다. 화가 난 흑곰은 나무를 넘어뜨리고 똑바로 서서 땅 위를 기어다니는 뱀을 향해 '이제 자신이 더 크다'며 큰소리를 내지릅니다. 뱀은 곧 흑곰의 몸을 휘감고 올라가 흑곰의 머리 위에 자신의 머리를 올리며 '자신이 더 크다'며 의기양양해 합니다. 순간, 처음부터 나무의 맨 꼭대기에 둥지를 틀고 살았던 딱따구리가 뱀과 흑곰의 머리에 '뿌직' 실례를 하며 "키만 크면 다야? 내 집 어떡할 거야!"라고 소리칩니다. 뱀과 흑곰의 신경전으로 애꿎은 딱따구리 집만 망가졌기 때문이죠. 그 후 동물들은 쓰러진 나무 위에서 그네 놀이를 하며 놀고, 딱따구리는 다시 집으로 삼을 만한 나무를 고르기 위해 나섭니다.

동물들은 앞다투어 나무 옆에 서서 자신의 키를 뽐내고 갖은 수단과 방법을 동원해서 친구보다 자신이 더 크다는 것을 증명하려고 애쓰는 모습을 보입니다. 이를 통해 '진짜 키가 크다'는 것의 의미는 무엇인지 아이와 이야기 나눠보세요.

어떻게 읽어야 할까?

왜 그렇게 생각하나요?

아이와 동물들이 왜 이렇게 저마다 자기가 키가 크다고 주장하는지 그 이유에 대해서 책을 보며 이야기해보세요. 그리고 '키가 크다'는 것은 어떤 의미인지 함께 생각해봅니다. 이때 키가 크면 어떤 점이 좋은지 함께 이야기를 나누면 아이들이 자기 생각을 더 쉽게 이야기할 수 있습니다.

> "숲속 친구들은 왜 이렇게 저마다 자기 키가 크다고 할까?"
> "키가 크면 대체 어떤 점이 좋을까?"
> "민우 생각에는 어떤 동물이 가장 키가 큰 것 같아?"

책을 읽다 보면 관점에 따라 '키'가 크다는 것의 기준이 달라짐을 알 수 있습니다. 바로 흑곰과 뱀을 통해서 알 수 있는데요. 아이에게 흑곰과 뱀이 등장하는 장면을 보여주면서 두 동물 중 아이의 관점에서는 어떤 동물이 더 키가 큰지 물어보세요. 그리고 그 이유도 물어보면 좋습니다.

"민우야, 이 장면은 흑곰과 뱀이 서로의 키를 재는 장면이야, 민우는 흑곰과 뱀 중에 누가 더 키가 크다고 생각해?"

아이들에게 이유를 물을 때는 답을 강요하지 마세요. 여기서 중요한 것은 '왜'라는 질문에 아이가 어떻게 대답을 하는지 지켜보는 자세입니다. 처음에는 아마 말도 안 되는 이야기를 할 겁니다. 그래도 아이의 대답을 존중해주세요. 차츰 여러 책을 통해 자주 '왜 그렇게 생각하는지' 이유를 묻고 아이가 스스로 자신만의 대답을 찾아가는 과정을 통해 자신만의 논리와 생각을 만들어갈 수 있도록 도와주세요. 엄마가 던지는 질문에 아이가 생각할 수 있는 여지를 주는 것만으로도 아주 훌륭한 문해력 수업이 됩니다. 처음에는 '왜 그렇게 생각하니?'라는 막연한 질문보다는 2, 3가지 중에 하나를 선택할 수 있는 선택지가 있는 질문을, 학년이 올라가면서는 점점 깊이 있는 구체적인 질문을 해주세요.

읽기 교육에서 교사나 부모가 제공하는 '단서'는 아이에게 책을 잘 읽기 위한 정보로 쓰이기도 하지만 자극으로도 활용됩니다. 부모나 교사가 제공하는 '단서'를 통해 아이는 한 가지 방식이 아닌 다양한 방식으로 생각하는 힘을 기르게 됩니다.

📕 그림책 깊이 읽기

1/ 숲속 친구들이 저마다 자신이 제일 크다고 자랑합니다. 여러분은 그림책에 등장했던 동물 친구들 중 어떤 동물이 가장 키가 크다고 생각하나요? 왜 그렇게 생각하나요?

2/ 그림책 뒷부분에서 흑곰은 자신보다 뱀이 더 키가 크다고 하자 나무를 무너뜨립니다. 이때 딱따구리는 자신의 집을 망가뜨린 흑곰과 뱀의 머리에 똥을 싸는데요. 여러분은 이 장면을 어떻게 보았나요?

3/ 숲속 친구들은 무너진 나무를 놀이터 삼아 즐겁게 놀게 되었습니다. 이때 딱따구리는 다른 나무 옆에 서 있는데요. 딱따구리는 그때 무슨 생각을 하고 있는 걸까요? 내가 만약 딱따구리라면 이 장면에서 어떤 말을 할지 글로 적어보세요.

딱따구리 : _____

📕 세상 쉬운 부모표 문해력 연습

『내 키가 더 커!』에 등장하는 동물들은 서로 자신이 제일 키가 크다고 주장합니다. 아이가 생각했을 때 키가 크면 좋은 점 3가지와 그렇게 생각하는 이유는 무엇인지 이야기를 나눠보세요.

📕 문해력 활동 후 부모의 생각 한 줄

아이가 재미있어 했던 질문이나 활동 혹은 어려워했던 부분에 대한 생각을 남겨보세요.

 **왜 그렇게 생각하나요?**

"○○이는 왜 그렇게 생각하는데?"

아이에게 생각하는 힘을 길러주기 위한 방법은 일상생활에서 '왜'라는 질문을 자주 하는 것입니다. '왜'라는 질문을 통해 스스로 답을 찾는 연습을 하게 되면 논리력과 사고력이 자연스럽게 향상됩니다.

특히 이 방법은 책을 읽으면서도 할 수 있습니다. 등장인물의 생각이나 행동을 보면서 '이 사람은 왜 이렇게 행동했을까', '왜 이런 말을 했을까'와 같은 질문을 하면서 책을 읽게 되면 생각하는 힘이 길러집니다.

책을 읽는 것은 작가와의 대화입니다. 텍스트를 이해할 때 책의 내용을 그대로 받아들이기보다는 책과 대화하는 과정을 통해 깊이 있게 책을 이해하고 생각하는 힘을 키울 수 있도록 '왜'라는 질문을 자주 해주세요.

엄마에게 무슨 일이!

『돼지책』
글·그림 앤서니 브라운 | 역자 허은미
웅진주니어
성취감 # 눈맞춤 # 집안일

문해력 포인트 작은 성취감 키우기

『돼지책』의 표지는 엄마가 아빠와 아이 둘을 업고 있는 장면입니다. 아빠와 두 아이는 환하게 웃고 있는 반면 엄마의 표정은 좋지 않습니다. 표지만 봐도 엄마의 마음이 느껴집니다.

이 책의 작가인 앤서니 브라운은 세계적으로 유명한 영국의 그림책 작가입니다. 독특하고 뛰어난 작품으로 전 세계적으로 많은 사랑을 받는 작가지요. 우리가 잘 알고 있는 작품으로는 《미술관에 간 윌리》, 《앤서니 브라운의 행복한 미술관》, 《우리 엄마》 등이 있습니다.

이 책은 한 번 읽어서는 아이들이 이해하기가 힘든 그림책입니다. 먼저 아이와 함께 천천히 이야기를 읽고 두 번째부터는 표지부터 끝까지 엄마인 피곳 부인의 '얼굴 표정'만 살펴보면서 읽습니다. 첫 번째 읽었을 때는 미처 알지 못한 엄마의 표정이 보입니다. 첫 장부터 의기양양하고 당당한 표정의 피곳 씨와 아이들 표정과 달리 엄마는 시종일관 뒷모습만 나옵니다. 그림책을 한참 읽어야 겨우 엄마의 쓸쓸한 표정을 볼 수 있게 됩니다. 엄마의 정면 얼굴이 나오는 부분은 책의 후반부인 엄마가 집으로 다시 돌아오는 장면입니다.

아이와 함께 앞부분에는 왜 엄마의 뒷모습만 나왔고, 그 뒷모습이 어떻게 보이는지 이야기해보세요. 더불어 피곳 씨와 두 아이의 표정과 대비해서 어떻게 다른지도 이야기 나눕니다. 그리고 마지막에 엄마의 표정이 어떻게 변했는지도 함께 살펴보세요.

한 사람의 표정을 유심히 관찰한 적이 있나요? 요즘 아이들은 가족이나 가까운 사람과 있어도 스마트폰이나 텔레비전 화면에 얼굴을 묻은 채 대답하는 경우가 흔합니다. '성공하는 사람의 7가지 법칙'이라는 재미있는 SNS 글에서 성공하는 법칙 중 하나로 '사람을 만날 때 휴대전화에 눈길 주지 않기'가 있습니다. 어떤 사람을 만났을 때 휴대전화를 보지만 않아도 인정받는 사람이 된다는 뜻입니다. 서로의 얼굴과 표정을 보고 이야기를 나누게 해주세요. 타인을 이해하는 방법에는 말과 행동뿐만 아니라 표정, 눈맞춤이 모두 들어있습니다. 타인과 이야기할 때는 눈을 마주 보고 그 사람의 감정을 읽는 연습을 하게 해주는 것이 좋습니다.

감정은 그 사람의 말뿐만 아니라 행동, 표정을 통해서도 충분히 전달됩니다.

　이 책을 읽고 아이들과 서로의 표정에 대해서 이야기 나눠보세요. 또 집안일에 대한 아이의 생각을 나누세요. 집안일이라고 하면 '엄마'만 해야 한다는 고정관념을 없애고, 가족 모두가 해야 하는 일임을 일깨워주세요. 독후활동으로 각자 집안일 중에서 할 수 있는 일의 목록을 적어보는 것도 아주 좋은 공부가 됩니다.

📖 어떻게 읽어야 할까?

　먼저 『돼지책』을 읽을 때는 표지 속 네 주인공의 얼굴 표정을 잘 살필 수 있도록 합니다.

"예진아, 이 그림책의 표지를 한번 잘 살펴봐. 네 사람이 등장하는데 각자의 표정이 어떤 것 같아?"
"엄마가 맨 아래에 있네요. 정말 힘들어 보여요."
"그럼 아빠와 아이들의 표정은 어때?"
"아빠랑 아이들은 표정이 너무 좋아 보이는데요?"

　표지를 보고 난 후에는 본문 안에서도 등장인물의 표정을 잘 살펴보면서 아이가 주인공의 마음을 표정을 통해 읽을 수 있도록 해주세요.

"가족들이 모두 학교와 일터로 나간 후 엄마의 모습이 어때?"
"굉장히 쓸쓸해 보여요."

어느 날, 엄마는 집을 떠나고 피곳 씨와 아이들은 돼지로 변합니다. 돼지로 변한 피곳 씨와 아이들 그리고 집안의 풍경은 어떤지 아이와 함께 그림을 천천히 살펴보면서 이야기를 나눠보세요.

📕 그림책 깊이 읽기

1/ 피곳 가족은 두 아들인 사이먼과 패트릭 그리고 피곳 부부, 이렇게 4명입니다. 아침마다 피곳 씨와 아이들은 '밥을 빨리 달라'고 하고 '아주 중요한 회사와 학교'로 휑하니 가버렸습니다. 피곳 씨와 아이들이 나간 후 피곳 부인은 무엇을 하나요?

2/ 집안일을 다 하고 난 피곳 부인은 무엇을 하러 가나요?

3/ 다시 저녁이 되자 피곳 씨와 아이들은 또 피곳 부인에게 '저녁밥을 달라'고 소리칩니다. 피곳 씨와 아이들이 저녁을 먹자마자 피곳 부인은 무엇을 하나요?

4/ 피곳 부인이 집안일과 음식을 더 만드는 동안 아이들과 피곳

씨는 무엇을 하나요?

5/ 어느 날, 아이들과 피곳 씨가 집에 돌아와 보니 집은 비어 있고 벽난로 선반 위에 봉투가 하나 놓여 있었습니다. 봉투 안 종이에는 무엇이라고 적혀 있었나요?

6/ 어느 날 밤, 집에 먹을 게 다 떨어지자 누가 돌아왔나요?

7/ 피곳 씨와 아이들은 피곳 부인이 돌아온 후 어떻게 변했나요?

📖 세상 쉬운 부모표 문해력 연습

1/ 그림책에서 피곳 부인은 혼자 집안일을 모두 해냅니다. 우리 집에서 빨래 개기, 화장실 청소, 신발 정리 등의 집안일은 주로 누가 하는지 생각해봅시다. 혹시 할머니, 엄마, 아빠 등 특정한 사람이 도맡고 있나요? 그럼 집은 우리 모두가 함께 하는 공간인데 왜 일부의 사람들만 집안일을 하는지 그 이유를 생각해보게 하세요.

2/ 집안일 중에서 아이가 할 수 있는 집안일은 어떤 것이 있는지 이야기 나눠보세요.

3/ 아래의 빈칸을 채우고 이유를 말하며 작은 약속을 해보세요.

> 나는 _____의 집안일은 내가 해야 한다고 생각한다.
> 그 이유는 _____

4/ 각자 실천할 수 있는 집안일은 어떤 것이 있는지 가족 모두 모여 정해봅니다.

5/ 2주에서 한달 간 각자 맡은 집안일을 한 후 모여서 소감을 나눕니다. 이때 자신이 한 집안일을 토대로 가족들에게 제안하고자 하는 이야기를 함께 나눕니다. 예를 들어 한 달간 욕실을 청소한 아이가 가족들에게 '드라이를 한 다음에는 머리카락을 각자 바로 정리했으면 좋겠습니다'라는 식으로 내가 한 경험을 토대로 식구들에게 새로운 제안을 하게 합니다.

📖 문해력 활동 후 부모의 생각 한 줄

아이가 재미있어 했던 질문이나 활동 혹은 어려워했던 부분에 대한 생각을 남겨보세요.

작은 성취감

'행복'에 관한 연구로 유명한 하버드 의대 '조지 베일런트' 교수가 11세에서 16세 아동 456명을 약 35년간 추적조사한 결과 성인이 되어 성공한 삶을 꾸린 이들의 유일한 공통점은 어린 시절부터 경험한 집안일이었다고 합니다. 집안일은 아이들에게 짧은 시간 동안 성취감을 맛볼 수 있게 해주는 진한 경험입니다. 사소해 보이는 집안일에서 얻는 경험으로 아이는 작은 성취감을 맛보게 되고, 이것은 이후에 학교나 사회에서 경험할 수 있는 큰 성취감의 초석이 됩니다. 아이의 연령과 상황에 맞게 작은 집안일을 선택하게 하고 이를 꾸준히 실천하도록 해주세요. 작은 성취감을 느낄 뿐만 아니라 온 가족이 함께 생활하는 공간에 대한 애정도 샘솟게 됩니다.

"아이들에게 집안일을 꼭 시켜야 할까요? 그게 문해력과 무슨 상관이 있나요?"

공부하기도 바쁘다는 이유로 아이들에게 집안일을 시키지 않는 부모님들이 많습니다. 아이들을 보면 안쓰러운 마음에 그럴 수 있습니다. 하지만 간단한 집안일은 타인을 이해하는 창구가 되기도 합니다. 예를 들어 가족이 함께 쓰는 화장실 청소를 주 1회 아이가 해야 하는 집안일로 정했다고 합시다. 주 1회 아이가 온 가족이 쓰는 화장실을 청소하면 공동으로 쓰는 공간에 대한 소중함과 물건을 어떻게 써야 하고 어떻게 정리해야 하는지 배울 수도 있습니다. 또 자신이 리더가 되어 함께 화장실을 쓰는 가족들에게 제안을 할 수도 있습니다. 좋은 리더십은 이렇게 가정에서 만들어 나가는 것입니다.

아주 작은 일이어도 집안일을 한다는 것은 이렇게 사회와 세상을 미리 경험해보는 작은 장치가 됩니다. 문해력은 책만 열심히 읽는다고 결코 해결되지 않습니다. 책을 어떻게 읽느냐가 중요합니다. 같은 책을 읽어도 어떤 감흥이나 마음의 움직임이 없다면 그 책은 결코 아이에게 좋은 영향을 주는 책이 될 수 없습니다.

문해력은 이해력을 동반합니다. 이해력은 세상을 바라보는 태도와 눈입니다. 무언가를 이해하기 위해서는 직간접적인 경험이 융합되어야 하고 가정은 아이들에게 사회라는, 세상이라는 큰 공간을 경험하기 전에 시뮬레이션을 해볼 수 있는 공간입니다. 가정에서 이루어지는 일상의 일들에 직접 아이들을 참여시킴으로써 세상이 돌아가는 이치를 이해하게 하는 것, 이것이 진짜 문해력 공부입니다.

느린 것 뿐입니다

『나는 강물처럼 말해요』
글 조던 스콧 | 그림 시드니 스미스 | 역자 김지은
책읽는곰
언어발달 # 낯선 문장 읽기 # 배경지식 활용

문해력 포인트 낯선 문장을 만났을 때 어떻게 읽을까?

　『나는 강물처럼 말해요』는 작가 조던 스콧의 자전적인 이야기입니다. 어린 시절부터 말을 더듬었던 작가는 자신의 이야기를 그림책에 담았습니다. 그리고 지금은 말이 느린 친구들을 위한 다양한 활동과 더불어 시를 쓰는 작가로 활약 중입니다.

　말을 더듬는 현상이 자주 보이는 시기는 3~6세입니다. 이 시기의 아동들은 언어력이 급격하게 성장합니다. 구사할 수 있는 단어와 문장이 매일매일 늘어납니다. 세상의 온갖 다양한 것들을 언어를 통해서 처음 배우는 시기이지요. 아마도 이때 평생 해야 할 말들을 모두 배운다고 해도 과언이 아닐 겁니다. 호기심 대마왕이 되기도 합니다. 또래 친구들과 선생님, 부모나 주변 어른들, 형, 누나들의 말

통해 아이들은 세상을 향한 무한한 호기심을 충족합니다. 그리고 이를 하나하나 배워가면서 언어를 익히고 또 직접 써보기도 합니다.

이때 언어의 빠른 성장 속도를 신체의 성장 속도가 따라가지 못하는 경우도 생깁니다. 이전에는 말을 잘했지만 아이가 직접 습득한 언어를 입 밖으로 꺼낼 때 그 속도가 습득한 언어를 따라가지 못하는 겁니다. 이런 아동들은 다른 사람이 말을 할 때 지나치게 끼어들거나 타인이 이야기할 때 끝까지 잘 들어주지 못하고 내 말을 들어달라고 떼를 쓰거나 지나치게 흥분하는 경우가 많습니다. 만 12세 이전까지 부모와 주변의 도움이 있다면 말더듬 현상은 차츰 사라집니다. 그러나 간혹 유전적인 원인 혹은 좌, 우뇌 발달의 불균형, 언어 발달이 선천적으로 느린 경우는 말더듬 현상이 꽤 오래 지속될 수 있습니다. 아이의 말더듬 현상이 오래 지속되면 관련 기관이나 병원을 찾아 정확한 진단을 받길 권합니다.

아이에게 중요한 것은 무엇보다 정서적, 감정적인 안정과 지지입니다. 언어가 폭발적으로 늘어났다는 반가운 마음에 어른의 말투로 아이를 대하지는 않았는지 너무 복잡하거나 길게 말하지는 않았는지 부모나 양육자의 언어습관을 되돌아 보는 것도 필요합니다. 아이의 문해력은 부모나 주양육자의 언어습관과 밀접한 관계가 있습니다. 가능하면 아이의 눈높이에 맞춰 짧고 간결하게 이야기하고 말의 속도와 어휘 역시 아이에 맞춰주세요.

더불어 아이가 말을 잘하다가 더듬는 경우, 아예 '말을 더듬는 것' 자체에 관심을 두지 않는 것이 좋습니다. 더듬지 말라고 자꾸 교정하면 아이가 오히려 그것에 부담을 느껴서 말을 아예 하지 않는 '선택적 함구증'으로 가는 경우도 있습니다. 자신이 하고 싶은 말을 머릿속에 미리 생각해보거나 간단하게 메모하는 것도 말더듬 현상을 줄이는 좋은 방법입니다. 이 현상은 성장 과정에서 만날 수 있는 흔한 현상임을 부모 역시 직시하고, 말을 더듬는 것에 대한 부정적인 인식을 갖지 않는 것이 무엇보다 중요합니다.

『나는 강물처럼 말해요』에 등장하는 아빠와 아이의 이야기를 통해 아이에게 나타날 수 있는 현상을 어떻게 해결할 수 있는지 부모의 입장에서 혹은 아이의 입장에서 생각해보면 좋겠습니다. 이 책에 등장하는 아빠처럼 아이의 속도를 있는 그대로 인정해주는 멋진 부모가 되어보세요.

 **어떻게 읽어야 할까?**

의미를 더 자세하게 알 수 있도록 보충하는 말을 찾게 해주세요

앞서 책 제목으로 내용을 유추하는 문해력 활동을 안내해드렸습니다. 이번에는 그보다 한 단계 더 나아가 책 제목 자체를 활용한 문해력 활동을 알려드릴게요. 이 책의 제목은 '나는 강물처럼 말해요'

입니다. 문장이 조금은 어색하게 느껴지지요? 어떻게 '강물처럼' 말할 수 있을까라는 생각도 들고, 도대체 '강물처럼' 말한다는 것은 어떤 의미인지 궁금합니다.

"이게 무슨 뜻일까요? 엄마, 어떻게 '강물처럼 말해요'?"
"맞아, 엄마도 이 책 제목을 읽고 처음에 '이게 무슨 일이지?'라고 생각했어. 급한 마음에 책을 펼치고 싶었지만 일단 꾹 참고 이 말을 이해할 수 있는 방법을 찾아봤단다."
"어떻게요?"
"이 문장을 읽고 강물을 떠올려봤어. 우리 이번 여름 휴가 때 강에 가서 송사리 잡았잖아. 그때가 떠오르더라고. 나는 '송사리가 살아있는' 강물처럼이라고 말이야."
"와! 멋진 말인데요. '나는 (송사리가 살아있는) 강물처럼 말해요' 이렇게 말을 집어넣어 보니 무슨 말인지 알겠어요. 말에 힘이 있다는 뜻 같아요. 송사리가 그때 힘이 엄청났잖아요. 그럼 나도 해볼래요. 나는 '속까지 투명하고 맑은' 강물처럼 말해요. 이렇게 해볼래요."
"나영이는 강물처럼 솔직하게 말한다는 뜻이구나. 역시"

책을 읽다 보면 한번에 이해하기 어려운 문장을 만날 때가 있습니다. 이런 문장이 많으면 이내 독서를 포기하게 되지요.

문장을 이해하지 못했을 때는 어떻게 해야 할까요? 앞의 예시처럼 아이가 그 문장을 이해할 수 있도록 여러 문장을 넣어서 보충 설명을 추가하는 읽기방식을 알려주세요.

책을 읽는 과정은 글을 읽으며 내 안의 배경지식을 활용해서 문장의 의미를 파악하고 완성해나가는 과정입니다. 이때 이해하기 힘든 문장을 만나면 아이가 문장을 이해할 수 있도록 부모나 낭독자의 도움이 절실합니다. 부모나 낭독자가 문장을 이해하는 방법을 알려준다면 아이는 혼자 책을 읽게 됐을 때, 어려운 문장을 만나면 어떻게 해결해야 하는지 습득하게 됩니다. 읽기는 이렇게 모방을 통해서 많은 부분 학습됩니다. 아이가 다양한 읽기 방법을 체득할 수 있도록 부모는 다양한 읽기 시범을 아이에게 보여주고, 아이가 이 방법을 다양한 책에 적용하도록 독려해주세요.

📖 그림책 깊이 읽기

1/ 그림책 속 주인공 '나'는 학교에서 맨 뒷자리에 앉습니다. '나'는 왜 뒷자리에만 앉고 싶어 할까요?

2/ 발표가 있었던 날 오후, 아버지가 '나'를 데리러 학교에 오셨습니다. '나'의 얼굴 표정을 본 아버지는 '나'와 함께 강가를 찾

아갔습니다. 강가에 온 '나'는 발표 시간이 떠올랐습니다. 발표 시간의 '나'의 마음을 상상해보고, '나'의 마음이 어땠는지 다음의 빈칸을 채워주세요!

> 배 속에 _____이 일어난 것 같아요.
> 두 눈에 _____이 가득 차올라요.

3/ 그림책 속에 강물이 표현된 그림을 보고, 강물의 모습을 말이나 글로 자세히 표현해봅니다. 또 '강물처럼 말하는 것'이 어떤 의미인지 그림책을 보며 유추해보세요(강물의 색, 거품, 일렁거림 등을 자세히 묘사해보세요).

📖 세상 쉬운 부모표 문해력 연습

책을 읽다가 이해하기 힘든 문장을 만났을 때 스스로 다양한 말을 넣어보고 의미를 유추하는 연습을 해봅니다. 그림책 『강물처럼 말해요』를 읽고 의미가 이해되지 않는 문장을 찾고 문장의 의미를 파악하기 위해 중간에 다양한 말을 넣어보세요.

> 나는 강물처럼 말해요. → 나는 강물처럼 **잔잔하게** 말해요.

📖 문해력 활동 후 부모의 생각 한 줄

아이가 재미있어 했던 질문이나 활동 혹은 어려워했던 부분에 대한 생각을 남겨보세요.

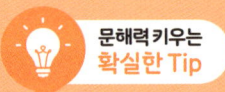

낯선 문장을 만났을 때

낯선 문장을 만나면 엄마나 아이 모두 긴장하게 됩니다. 하지만 독서는 나의 의식체계와 작가의 의식체계가 만나는 행위입니다. 읽기를 통해 의식체계가 변화하는 과정을 겪기 위해서는 조금 낯선 문장을 만나도 피하지 않고 다양한 읽기 방법을 통해 읽어내는 훈련이 필요합니다. 매번 쉽고 간단한 책만 읽게 되면 우리의 의식체계는 언제나 그 자리에 머물러 있게 됩니다. 낯선 단어나 문장이 나오면 아이와 함께 이 문장이 의미하는 뜻과 맥락이 무엇인지 함께 깊이 있게 이야기해보세요. 다양한 방식으로 문장을 해석하고 이해하다 보면 아이는 낯설고 어려운 책을 만났을 때 어떻게 읽어야 하는지 터득하게 됩니다.

함께 걷는다는 것

『다녀왔습니다』
글 홍민정 | 그림 최정인
단비어린이
더불어 살기 # 생명 존중 # 작가의 말

문해력 포인트 관련 자료를 찾아서 함께 읽기

    신라 시대 때 김개인(金蓋仁)이라는 사람이 살고 있었습니다. 그는 개 한 마리를 기르고 있었고, 그 개를 매우 사랑해서 항상 데리고 다녔습니다. 어느 날, 그는 장에 갔다가 술에 거나하게 취해 잔디밭에 쓰러져 잠이 들었습니다. 그런데 들에 불이나 근처로 점점 번지고 개는 주인을 깨우기 위해 갖은 노력을 기울였습니다. 하지만 술에 취한 주인은 세상 모르고 잠에 빠져 있었습니다. 불길이 점점 주인의 곁으로 번지자 개는 가까운 냇가에 가서 온몸에 물을 묻혀 잔디와 주인의 몸을 적셨습니다. 이내 심상치 않은 기운을 느끼고 잠에서 깨어난 주인은 생명을 구할 수 있었지만 개는 그만 숨이 끊어지고 말았습니다. 개가 죽은 후 주인은 애통해 하며 개의 무덤 앞에 가지고 다니던 지팡이를 꽂았는데 이 지팡이에서 싹이 돋기 시작하더니 커다란 느티나무가 되었다고 합니다. 사람들은 그 후로 개의 충성심을 기리기 위해 그 나무를 '오수'라고 부르고 고장의 이름도 오수라고 지었다고 해요. 바로 '오수의 개' 이야기입니다.

개의 주인에 대한 충성심과 사랑이 정말 대단하지요.『다녀왔습니다』에 나오는 단비도 '오수의 개' 못지않게 누나를 사랑합니다. 단비는 앞을 보지 못하는 누나를 위해서 무려 9년간 누나의 손과 발, 귀와 눈이 되어 주었지요. 누군가를 위해 자신을 희생한다는 것, 그리고 함께 걷는다는 것의 의미를 생각해보고, 나는 과연 누구를 위해서 그렇게 할 수 있는지 생각해보면 좋을 듯합니다.

어떻게 읽어야 할까?

작가의 말 언제 읽어야 할까요?

이 책은 표지를 펼치면 오른쪽 면지 귀퉁이에 '작가의 말'이 있습니다. 책을 읽기 전에 작가의 말을 읽어야 할지에 대해 많이 묻습니다. 저는 책에 따라서 다르겠지만 그림책의 경우 작가가 의도적으로 책의 본문 시작 전 이렇게 '작가의 말'을 명시해놓았다는 것은 그것을 읽고 책을 읽으면 더욱 도움이 되는 글이 될 수 있다는 것을 의미하는 것이라고 생각합니다.

본문을 읽기 전 작가가 이 책을 쓰고 그린 목적과 이유, 에피소드를 미리 알고 읽으면 좀 더 그림책을 풍부하게 느끼고 생각할 거리를 놓치지 않게 될 수 있으니까요. 이번 책은 본문을 읽기 전 작가의 말을 충분히 읽으며 어떤 책인지 미리 배경지식을 쌓고 본문을 읽는 것이 좀 더 나은 읽기 방법이 될 수 있을 듯 합니다.

작가의 말은 이렇게 시작합니다.

"안내견은 태어난 지 7주가 되면 자원봉사 가정으로 보내져요. 그곳에서 1년 동안 가족들과 함께 생활하며 식사 예절, 배변 훈련, 복종 훈련을 하는데 이것을 '퍼피워킹'이라고 해요. 이 기간에 외출할 때는 '나는 안내견 공부 중입니다'라고 적힌 조끼를 입어요."

작가는 집 근처에서 '안내견 공부 중'인 강아지를 자주 만났다고 합니다. 그때 안타까운 마음이 자주 들었다고 해요. 안내견이 인간을 위해 희생하는 가엾은 개라고 여겼기 때문인데요. 하지만 이 책을 쓰기 위해 취재를 하면서 안내견에 대한 편견과 오해가 많았다는 것을 알게 되었다고 합니다.

그럼 안내견에 대해 어떤 편견과 오해가 있었는지 아이와 함께 본문을 직접 읽으며 그 이야기를 들어볼까요?

이 책의 '나'는 안내견입니다. '나'는 누나를 깨우는 것으로 하루 일과를 시작합니다. 누나가 대학생이 되던 해 처음 만나 9년 동안 하루도 떨어진 적이 없다고 해요. 왜냐하면 앞을 보지 못하는 누나에게 '나'는 곧 눈이기 때문입니다. '나'의 이름은 단비입니다. 아침에 출근 준비를 마치고 밖으로 나온 누나와 단비는 서로에게만 집중합니다. 누나는 단비에게 잘 부탁한다고 말하고, 단비 역시 자신만 믿으라고 듬직하게 말합니다. 둘은 그렇게 서로의 멋진 단짝이 되었습니다.

누나와 출근을 하며 단비는 많은 사람들을 만났습니다. 때로는 자신을 싫어하는 사람도 만나고, 때로는 자신을 좋아하는 사람도 만났습니다. 오늘은 단비가 누나와 함께 출근하는 마지막 날입니다. 누나는 점점 할 일이 많아지는데 단비는 걷기가 많이 힘들어져 건강한 안내견에게 누나를 부탁하려고 합니다. 단비는 마침내 누나 곁을 떠나 원래 살던 곳으로 다시 돌아왔습니다. 그리고 집에 오자마자 큰 소리로 외쳤습니다.

"다녀왔습니다."

📖 그림책 깊이 읽기

1/ 단비는 어떤 일을 하는 강아지인가요?

2/ 누나와 9년 동안 함께 생활한 단비는 누나를 떠나 원래 가족에게 돌아갑니다. 이때 단비의 마음은 어땠을까요?

3/ 아래의 문장 속에 들어갈 말은 무엇일까요?

> 원래 가족에게 돌아간 단비는 더 이상 _____ 이 아닙니다.

4/ 여러분도 혹시 '안내견'을 본 적이 있나요?

5/ 단비는 누나와 함께 다닐 때 사람들이 자신을 어떻게 대해주었으면 좋겠다고 말했나요?

6/ 앞으로 길에서 안내견을 본다면 우리는 어떻게 하면 좋을까요?

7/ 이 책 제목인 '다녀왔습니다'는 어떤 의미일까요?

📖 세상 쉬운 부모표 문해력 연습

누나와 함께 살다가 다시 집에 돌아온 단비는 자신은 누구와 걷느냐보다 함께 나란히 걷는 것이 중요하다고 말합니다. 단비가 말하는 '함께 나란히 걷는다'는 어떤 의미일까요? 이 문장이 의미하는 것이 무엇인지 생각해보고 단비의 마음이 되어서 자신의 생각을 말이나 글로 표현해보세요. 안내견에 대한 관련 자료나 영상을 찾아보고 안내견의 훈련과 하는 일에 대해서 자세히 알아봅니다.

문해력 활동 후 부모의 생각 한 줄

아이가 재미있어 했던 질문이나 활동 혹은 어려워했던 부분에 대한 생각을 남겨보세요.

문해력 키우는 확실한 Tip

관련 자료 함께 읽기

책을 읽을 때 모르는 분야의 이야기가 나오면 관련 자료를 찾아서 보충해서 읽는 방법을 일컬어 '상호 텍스트를 활용한 읽기 방법'이라고 합니다. 이 방법을 활용하게 되면 관련 분야에 대한 배경지식을 넓힐 수 있어 읽기에 도움이 됩니다. 관련 자료로는 사전을 비롯해서 영상, 같은 주제의 다른 책 등 여러 가지가 있습니다. 보다 폭넓은 독서를 위해 관련 자료나 읽기 자료를 보충해서 읽는 방법을 활용하는 것도 문해력을 높이는데 매우 도움이 되는 방법입니다.

긍정이라는 소중한 감정

『리디아의 정원』
글 사라 스튜어트 | 그림 데이비드 스몰 | 역자 이복희
시공주니어
글쓰기 # 편지 쓰기 # 긍정의 힘

문해력 포인트 독자가 있는 글쓰기는 최고의 문해력 키우기

"싫어. 안 해. 미워."

예지 엄마는 요즘 고민이 많습니다. 이제 초등학교 2학년이 된 예지에게 뭔가를 하자고 하면 이 세 마디만 하기 때문입니다. 2년 전만 해도 모두가 부러워하는 명랑 소녀였던 예지는 어느 순간, 말수도 줄고, 밖에 나가는 것도 꺼려 합니다. 무엇이든 하려고 했던 아이는 점차 아무것도 하기 싫어하는 아이로 변했습니다.

코로나로 인해 행동 반경이 급격히 줄어들게 되면서 아이들의 마음 반경도 자연스럽게 줄어들었습니다. 한 초등학교 교사와 이야기를 나누었습니다. 예지의 이야기를 꺼냈더니 요즘 교실에서 이런 현상을 보이는 아이들이 꽤 많다고 합니다. 무서운 전염병은 아이들이 학교에서 보내는 당연한 시간을 빼앗았고, 놀이터에서 친구들과 박장대소하며 놀 수 있는 자유를 잃게 했습니다. 그 사이 아이들의 마음에는 커다란 멍이 생겼습니다. 하지 말아야 할 것들이 많아지고, 해서는 안 되는 일이 늘어나면서 가장 활달하고 생기 넘쳐야 할 아이들의 마음에는 무기력한 감정이 자리잡았습니다. 예지 같은 아이가 많아졌다는 안타까움에 한숨이 절로 나온다는 선생님은 이야기의 끝에 눈물을 흘리셨습니다. 아이들이 너무 안 됐다고요.

　인간은 다양한 시도를 통해 성공과 실패를 경험하며 자기만의 삶의 방식을 찾아갑니다. 그래서 무엇이든 시도해보고 실패와 성공을 적절하게 경험하는 것이 아이들의 신체적, 정신적 발달에 큰 영향을 끼칩니다. 그럼 이렇게 무기력한 마음이 가득한 아이들에게 우리 어른들은 어떻게 해주어야 할까요? 바로 긍정의 무한한 힘을 보여줘야 합니다.

　사회심리학 교수인 로버트 로젠탈은 미국의 한 초등학교 전교생을 대상으로 지능 검사를 한 후, 결과와 상관없이 무작위로 한 반에서 20퍼센트의 학생을 뽑았습니다. 그리고 담임교사와 아이들에게 이 학생들은 '지적 능력과 학업 성취의 향상 가능성이 큰 학생'이라고 말했습니다. 8개월 후 같은 지능 검사를 다시 시행했는데 놀라운 결과를 얻게 되었습니다. 무작위로 선발됐던 학생들이 다른 학생들보다 지능 검사가 높게 나왔을 뿐만 아니라 학업 성적도 크게 올랐다는 사실입니다. 학생들은 교사의 짧은 표정이나 몸짓만으로도 자신에 대해 긍정적인 기대를 갖고 있다는 것을 알아냈고, 교사의 미묘한 기대치 변화가 학생의 성취도를 바꿀 수 있게 된 것입니다. 이처럼 자신을 향한 '긍정적인 신호'는 인간에게 없던 능력도 샘솟게 합니다.

그렇다면 아이에게 긍정적인 생각을 심어주기 위해 부모는 어떻게 해야 할까요? 일단 부모님들 역시 생활 속에서 부정적인 언어의 사용을 최대한 자제해주세요. 부정적인 생각과 감정, 경험은 긍정적인 경험과 생각보다 더 힘이 강합니다. "안 돼"라는 말 대신 "다른 방법을 찾아볼까?"로, "해봤자 실패할 거야"라는 말 대신 "한 번 더 해볼까?"라는 긍정의 언어를 사용해주세요. 긍정적인 태도는 '어떠한 상황에서도 가장 희망적인 생각, 말, 행동을 선택하는 마음가짐'입니다. 아이가 부정적이고 무기력한 단어를 사용한다면 구체적으로 어떤 점이 싫은지, 싫어하는 이유와 안되는 이유를 함께 고민하고 부정적인 단어가 아닌 부정적인 요소를 함께 제거하는데 관심을 보여주세요. 그리고 무엇보다 다음에 알려드리는 그림책을 통해 긍정을 생활 속으로 끌어들이는 방법을 아이가 익힐 수 있도록 도와주세요.

『리디아의 정원』의 주인공 리디아는 집안 형편이 좋지 않아 외삼촌의 집으로 가게 됩니다. 그러나 리디아는 부모를 원망하거나 서운한 마음조차 내비치지 않습니다. 외삼촌 집에서 할머니가 보내 준

꽃씨를 심어 무럭무럭 자라게 한 후 마을 사람들에게 (특히 말이 없고 무뚝뚝한 삼촌에게) 웃음까지 찾아주는 힘을 가진 아이입니다. 주변 사람들까지 변하게 하는 리디아는 과연 어떤 아이일까요?

어떻게 읽어야 할까?

다양한 서술 방식을 익혀요

이 책은 독특한 방식으로 서술되었습니다. 바로 리디아가 누군가에게 보내는 편지 형식인데요. 때로는 할머니에게, 때로는 삼촌에게, 때로는 엄마에게 보내는 리디아의 편지를 보고 우리는 리디아의 마음을 유추할 수 있습니다.

이렇게 누군가에게 전하는 편지 형식으로 자신의 이야기를 서술한 책으로는 또 어떤 것이 있을까요? 우리가 잘 알고 있는 「해바라기」의 화가 빈센트 반 고흐 역시 편지로 자신의 생각과 상황, 마음을 잘 전달한 사람으로 유명하지요. 그가 동생인 테오에게 보낸 수많은 편지는 책(『반 고흐, 영혼의 편지 1, 2』 위즈덤하우스)으로도 전해지는데요. 이 책을 통해서 우리는 고흐의 생애와 당시 상황 그리고 작품 하나하나에 담긴 숨은 이야기까지도 알 수 있습니다.

『리디아의 정원』 역시 편지를 통해 리디아의 마음과 상황을 잘 알려주고 있습니다. 누구를 만나고 어떤 일이 있었는지 자세히 알려주는 리디아의 편지를 통해 새롭게 이야기가 전개되는 방식을 엿볼 수 있습니다. 그림책(혹은 이야기책)이 반드시 줄거리가 있는 이야기 형식으로 구성될 필요는 없습니다. 이 책처럼 편지형식으로 서술될 수도 있고, 그림만으로도 전해질 수도 있습니다. 아이들이 다양한 서술 방식을 알 수 있도록 해주시는 것도 이 책을 알차게 이해하는 방법 중 하나입니다.

편지를 하나씩 읽으며 리디아의 마음이 되어 봅니다. 그리고 편지 속에 담긴 리디아의 긍정적인 마음을 아이가 읽을 수 있도록 도와주세요.

"예지야, 리디아가 삼촌에게 보낸 첫 번째 편지야. 이 편지에서 리디아의 성격을 알 수 있는 문장을 찾아볼까?"

다양한 시점으로 책을 읽어요

"우리 모두 울었어요. 아빠까지도요. 그러다 엄마가 어렸을 때 이야기를 꺼내는 바람에 다 같이 웃고 말았어요. 외삼촌이 엄마를 쫓아 나무 위에까지 올라갔다면서요? 정말 그러셨어요?"
"저는 작아도 힘은 세답니다. 제가 할 수 있는 일이라면 다 거들어 드릴게요."

긍정적인 태도와 자세를 말로 설명하기란 쉽지 않습니다. 하지만 리디아가 쓴 편지를 통해 리디아의 말과 행동을 통해 찾아본다면 열 마디의 말보다 좀 더 쉽게 '긍정적인 행동과 태도'에 대해 아이가 깨달을 수 있을 겁니다. 만약 우리 아이가 비슷한 상황에 처하게 된다면 어떤 마음일지도 '리디아'가 되어서 생각해보게 해주세요.

그림책을 읽어주다 보면 '만약 ○○라면'이라는 문장을 많이 언급하게 됩니다. 문학 작품을 읽는 이유는 다양합니다. 하지만 그중 우리가 경험해보지 못한 세계에 대한 간접 경험을 통해 인간의 내면을 좀 더 깊이 있게 이해하려는 것이 문학을 읽어야 하는 큰 이유입니다. 이때 작품 속 '주인공' 시선으로 책을 읽는 것과 작품 밖 '관찰자' 시선으로 책을 읽는 것에는 큰 차이가 있습니다.

예를 들어 이 책도 "만약 내가 리디아라면 이 상황에서 어떤 생각이 들었을까요?"라는 문장과 "가정 형편상 부모님 곁을 떠나 삼촌 집으로 가서 생활해야 하는 리디아의 모습을 어떻게 보았나요?"라는 문장을 비교해보면 같은 장면을 전혀 다르게 읽을 수 있는 질문이 됩니다. 전자는 리디아의 상황에 독자인 내가 들어가서 그 상황을 리디아의 입장과 시선으로 읽게 되는 것이고, 후자는 작품 밖에서 리디아를 바라보는 관점입니다. 둘 사이에는 엄청난 차이가 있습니다. 그래서 그림책을 읽어줄 때 부모나 선생님의 역할이 매우 큽니다. 때로는 관찰자의 입장으로, 때로는 작품 속 주인공의 시점으로 다양한 방식으로 책을 읽을 수 있도록 가르쳐주시면 좋겠습니다.

 **그림책 깊이 읽기**

1/ 이 책은 리디아가 쓴 편지로 이야기가 전개됩니다. 편지를 다 읽고 다른 이야기책이나 그림책의 형식처럼 이 책의 줄거리를 정리해보세요(줄거리를 정리할 때는 누가/언제/어디서/무엇을 했는지에 집중해서 해주세요).

2/ 리디아는 삼촌의 집으로 가는 기차역에서 편지를 씁니다. 자신한테는 아주 중요하지만 부끄러워서 직접 얼굴을 보고 이야기할 수 없다며 삼촌에게 하고 싶은 말 3가지를 적었습니다. 여러분도 리디아처럼 도저히 얼굴을 보면서는 할 수 없었던 이야기를 편지로 전달한 적이 있나요? 해본 적이 있다면 그때의 경험을 이야기해보고, 만약 없다면 이번 기회에 한 번 해보세요. 어떤 말을 누구에게 하고 싶은가요?

3/ 리디아는 편지와 더불어 '꽃씨'를 전달받고, 이 꽃씨를 심을 '비밀장소'를 마련하게 되는데요. 주변 사람들의 도움으로 '비밀장소'는 멋진 정원으로 변하고, 마침내 삼촌을 위한 멋진 이벤트를 벌입니다. 여러분은 이 장면을 어떻게 보았나요?

📖 세상 쉬운 부모표 문해력 연습

만약 아이가 누군가에게 편지를 쓴다면 누구에게, 어떤 내용을 쓰고 싶은지 물어보세요. 그리고 지금 가장 편지를 쓰고 싶은 한 사람을 정해서 라디아처럼 아이의 생각을 그 사람에게 전할 수 있도록 해주세요.

📖 문해력 활동 후 부모의 생각 한 줄

아이가 재미있어 했던 질문이나 활동 혹은 어려워했던 부분에 대한 생각을 남겨보세요.

 **문해력 키우는 확실한 Tip**

편지 쓰기가 문해력 향상에 도움이 되는 이유

편지글은 편지를 읽는 대상, 그 대상에게 내가 하고 싶은 이야기, 이 둘이 명료한 글이기에 아이들에게 독자를 인식하는 글쓰기를 가르쳐주기에 아주 적합한 글쓰기지요. 문해력의 핵심은 글에서 지은이가 하고자 하는 말 즉, 주제나 메시지를 잘 파악하는 것입니다. 문장의 의미를 구조화하고 이를 자기의 것으로 이해하는 과정이 문해력이 이루어지는 과정인 셈입니다. 누군가를 대상으로 하는 편지글을 직접 쓰면서 내가 하고 싶은 말이나 주제를 더욱더 잘 정리하는 연습을 하게 되면 문해력은 저절로 향상됩니다.

하루에 한 번 아이가 마음을 뺏기는 것은 무엇인가요?

『별을 보는 아이』
글 캐슬린 크럴, 폴 브루어 | 그림 프랭크 모리슨 | 역자 양진희
함께자람(교학사)
자기주도성 # 몰입 # 꿈

문해력 포인트   문해력은 자신을 알아가는 생애 첫 걸음,
자기주도성 키우기 ①

몰입의 사전적 의미는 깊이 파고들거나 빠짐입니다. 한번 몰입을 경험한 아이들은 다른 것에 몰입의 경험을 대입하면서 자신이 좋아하는 것, 흥미로워하는 것들을 찾게 됩니다. 학창 시절에 아이들이 경험하게 해줘야 할 것은 이 '몰입'의 경험입니다. 아이들이 어떤 한 가지에 몰입하고 있다면 잠시 아이를 지켜보세요.

제 아이는 어릴 적 놀이터를 참 좋아했습니다. 놀이터를 싫어하는 아이는 없지만 놀이터에서 한바탕 놀고 난 후에는 오늘 놀이터에서 탔던 놀이기구에 대해서 쉴 새 없이 이야기했습니다. 친구 집이나 동네에 새로운 놀이터가 생겼다는 이야기를 들으면 반드시 가보고 직접 타봐야 직성이 풀렸습니다. 어느 정도 아이가 크고 나서 서울

근교의 대형 테마파크에 놀러 가게 되었습니다. 동네 놀이터의 수만 배가 넘는 대형 놀이터에 아이는 넋을 잃었고, 테마파크의 지도를 펼쳐놓고 도장 깨기를 하듯 하나씩 타보면서 탄 소감과 느낌, 놀이터에서 탔던 놀이기구와 비교를 하기 시작했습니다. 그 후 서점에서 테마파크에 관한 책을 찾아 읽거나 여행책자를 보며 세계 여러 나라에 있는 대형 테마파크에 대해 알아 갔습니다. 물론 저의 작은 꼼수도 작용했습니다. 아이가 '몰입'의 모습을 보이자 관련 자료나 책을 찾아서 넌지시 알려주었습니다. 이후 미국과 일본의 대형 테마파크를 찾아 갔고, 그곳에서 아이는 자신이 책과 글자로만 봤던 세계를 직접 경험했습니다. 그리고 이곳을 가기 위한 모든 계획은 아이 스스로 짤 수 있도록 도와주었습니다. 지금은 꿈이 바뀌었지만, 아이는 초등학교 때 테마파크 디자이너나 기획자를 꿈꾸기도 했습니다.

아이가 어떤 한 분야에 관심을 보이면 책이나 직접 경험을 통해 그 분야에 대한 다양한 정보를 제공해주세요. 별에 관심을 보인다면 가까운 천문대나 별 관측소를 찾아 직접 별을 보게 해도 좋습니다. 너무 학습적인 것에 국한시키지 말고, 요리, 음악, 미술, 운동 등 여러 분야를 체험할 수 있도록 해주세요. 그러기 위해서는 자녀와 끊임없이 소통해야 하고, 아이를 잘 관찰해야 합니다. 지금 내 아이가 어떤 것에 몰입하고 있는지 유심히 관찰해보세요.

어른들의 손에 이끌려 간 테마파크가 아닌 자신이 직접 공부하고 경험한 테마파크에서 '몰입'의 즐거움을 안 아이는 스무살이 다 된 나이에도 그때를 이야기합니다. 아이가 몰입하는 그 순간을 절대 놓치지 마세요. 어쩌면 그 순간이 내 아이가 미래에 어떤 어른이 될 수 있는지 가장 절실히 표현되는 순간일지도 모릅니다.

 **어떻게 읽어야 할까?**

지금 아이의 마음을 빼앗은 것은 무엇인가요?

『별을 보는 아이』는 별을 사랑하는 한 소년의 이야기입니다. 천체물리학자 닐 디그래스 타이슨의 어린 시절 일화를 그림책으로 엮은 것인데요. 이 책은 우주에 관한 지식을 전달하는 목적보다는 좋아하는 한 가지에 몰입하는 즐거움, 자신이 좋아하는 것을 찾고 그것을 천천히 만들어가는 과정에 집중한 책입니다. 아이들이 좋아하는 것을 찾는 과정은 순식간에 찾아옵니다. 닐이 12살 생일날 부모님께 천체 망원경을 받았던 그날처럼요.

부모는 아이가 이런 '몰입'의 순간을 보일 때 놓치지 말아야 합니다. 그리고 관심 가는 분야가 생기면 닐의 부모처럼 그 분야에 대한 다양한 책을 알려주고 함께 읽으면서 계속 흥미를 가질 수 있도록 도와주어야 합니다.

어쩌면 이 책에 나오는 닐의 부모가 가장 이상적인 문해력 수업을 한 것은 아닐까 하는 생각이 듭니다. 그래서 이 책은 그 누구보다 부모 혹은 주양육자가 꼭 읽어야 하는 그런 책입니다.

집중력에 대한 질문을 많이 합니다. "아이가 집중력이 약해요", "책을 오래 못 읽어요", "글쓰기도 3분 이상 하지 못해요"라고 말이죠. 하지만 잘 살펴보세요. 아이는 좋아하는 것에는 무한한 집중력을 발휘합니다. 자극적인 요소 없이 아이가 집중하고 있는 분야가 있다면 그것에 빠질 수 있는 충분한 시간을 주세요.

📖 그림책 깊이 읽기

1/ 『별을 보는 아이』에서 언급된 '마음을 빼앗긴다'라는 문장은 무슨 뜻일까요?

2/ 닐은 별에 마음을 빼앗겼어요. 여러분은 어떤 것에 마음을 빼앗긴 적이 있나요? 그때 기분은 어땠나요?

3/ 하루에 한 번 무언가에 마음을 빼앗기기 위해서 여러분은 무엇을 어떻게 해야 할까요? 닐의 이야기를 참고해서 생각해보세요.

📕 세상 쉬운 부모표 문해력 연습

닐처럼 아이가 하루에 한 번 마음을 빼앗기고 싶은거나 현재 '몰입'하고 있는 것은 무엇인지 이야기 나눠보세요.

📕 문해력 활동 후 부모의 생각 한 줄

아이가 재미있어 했던 질문이나 활동 혹은 어려워했던 부분에 대한 생각을 남겨보세요.

좋아하는 일을 찾는다는 것 ①

한번 몰입을 경험한 친구들은 그 경험을 바탕으로 다양한 체험을 하게 됩니다. 몰입은 내가 에너지를 어떻게 얼마큼 쏟아낼 수 있는지 가늠하게 합니다. 막연한 이야기 같지만 부모님이나 선생님들도 생각해보세요. 내가 좋아하는 일을 했을 때의 몰입감과 해야만 하는 일을 할 때 몰입감은 상당한 차이가 있습니다. 아이들에게 좋아하는 일을 할 때 느낄 수 있는 '몰입'의 즐거움을 느낄 수 있도록 해주세요.

좋아하는 일에 대하여

『행복한 청소부』
글 모니카 페트 | 그림 안토니 보라틴스키 | 역자 김경연
풀빛
자기주도성 # 좋아하는 일 # 행복

문해력 포인트 좋아하는 분야 찾기, 자기주도성 키우기 ②

    수호는 자동차 마니아입니다. 자동차가 조금이라도 언급된 책이라면 수호는 그 자리에 앉아서 단숨에 읽어냅니다. 거리에 다니는 온갖 종류의 차량 이름과 회사명까지 줄줄이 꿰고 있습니다. 승용차뿐만 아니라 특수 차량의 이름과 기능까지도 이미 오래전에 섭렵했습니다. 급기야 어른들이 보는 자동차 잡지도 술술 읽게 되었습니다. 수호의 장래 희망은 자동차를 만드는 사람이 되는 것입니다.

    수호가 이렇게 한 분야에 몰두할 수 있었던 것은 부모님의 노력이 한몫했습니다. 아이가 자동차 이름을 외울 때마다 귀찮아하지 않고, 도서관에서 관련된 책을 빌리거나 서점에서 전문 책을 고르고 비슷한 모양의 장난감을 사주기도 했습니다. 아이의 독서 습관을 늘리는 방법은 거두절미하고, 아이가 관심 분야를 집요하게 파게 하는 것입니다. 좋아하는 분야가 생기면 누가 시키지 않아도 공부하게 되고, 공부하게 되면 그 분야에 대해서 나만의 이야깃거리가 생기게 됩니다.

『행복한 청소부』의 주인공도 자신이 좋아하는 예술가에 관한 공부를 꾸준히 하게 되면서 아는 기쁨을 맛보았고 진짜 자신이 좋아하는 것은 무엇이고, 그것을 어떻게 찾아가야 하는지 알게 되었습니다.

📖 어떻게 읽어야 할까?

하고 싶은 일 vs 직업

『별을 보는 아이』가 '몰입'의 즐거움을 통해 내가 좋아하는 것이 무엇인지 알아보는 계기를 마련하는 책이었다면 이 책은 '직업'에 대한 작은 선택 기준을 마련하는 책입니다.

요즘 아이들은 그 어떤 세대보다 경제 관념이 확고합니다. 때로는 너무 어린아이들이 '돈'에 대한 부정적인 면을 먼저 알아버린 현실이 마음 아플 때도 있습니다. 아마도 우리 어른들이 현실에서 '돈'에 대한 언급을 많이 하니 자연스럽게 그런 현상들을 보이는 게 아닌가 싶습니다.

저는 아이들이 하고 싶은 일을 선택할 때 '돈'에 대한 생각 즉, 이 직업은 얼마를 벌까 하는 생각을 덜 했으면 합니다. 지금 돈을 많이 버는 직업이라고 알려진 일들도 막상 아이들이 경제활동을 하는 성인이 되면 정반대의 경우가 될 수도 있습니다. 아이들이 이 책을 통해 자신이 '하고 싶은 일'은 무엇이고, '좋아하는 일'은 무엇인지 알아갔으면 좋겠습니다. 그리고 돈을 많이 버는 것이 직업 선택의 기준이 아니고, 하고 싶은 일을 오래 하는 것이 '직업을 선택하는 기준'이라는 사실도 함께 알았으면 좋겠습니다.

서서히 글밥이 많은 그림책도 읽게 해주세요

이 책은 글밥이 많은 책입니다. 아이가 그림책을 어느 정도 읽게 되면 동화책으로 자연스럽게 옮겨가야 합니다. 계속해서 그림책만 읽으면 문해력에는 큰 효과가 없습니다. 일정한 연령이 되면 페이지 수가 많고, 등장인물도 여러 명 있는 복잡한 구조의 글을 읽어낼 수 있어야 합니다. 그러기 위해서 차츰차츰 그림책 중에서 글밥이 꽤 많은 책들도 읽을 수 있게 조절해주세요. 어느 날, 갑자기 그림은 거의 없는 동화책을 읽게 하면 아이가 오히려 부담을 느낄 수 있습니다. 천천히 그림책 중에서 글밥이 많은 책들로 자연스럽게 옮겨가면 이후에는 두꺼운 동화책도 스스로 읽게 됩니다.

📖 그림책 깊이 읽기

1/ 청소부 아저씨가 맡은 거리의 표지판은 깨끗할 뿐만 아니라 새 것처럼 보입니다. 다른 청소부들도 아저씨가 '최고'라는 걸 인정했는데요. 이런 주변 사람들의 '칭찬'에 아저씨는 행복했습니다. 아저씨는 자기 직업, 맡은 거리, 표지판을 진짜 사랑했거든요. 여러분은 청소부 아저씨의 이런 모습을 어떻게 보았나요?

2/ 어느 날, 아저씨는 자신이 하는 일에 대해 너무 몰랐다는 것을 깨달았습니다. 그리고 도서관과 레코드점을 다니면서 작곡가와 음악에 대해 공부하기 시작했습니다. 때로는 '무슨 뜻인지 이해되었지만' 때로는 '이해되지 않았던' 말들도 많았다고 합니다. 그때 아저씨는 계속 어떤 방법을 사용했나요?

3/ 아저씨는 표지판을 닦으며 그동안 공부한 내용을 중얼거렸습니다. 아저씨의 말을 들은 사람들이 하나둘씩 모이기 시작했습니다. 점점 더 많은 사람이 모이며 아저씨의 강연이 소문이 나자 텔레비전에도 출연하게 되었습니다. 급기야 교수직을 제안하는 학교까지 나타났는데요. 하지만 아저씨는 고민 끝에 청소부 일을 계속하기로 결정합니다. 여러분은 이런 아저씨의 태도

에 대해 어떻게 생각하시나요?

📕 세상 쉬운 부모표 문해력 연습

아이가 청소부 아저씨처럼 재미있고 흥미롭게 여기는 분야가 있는지 이야기 나눠보세요. 아이가 지금 관심 갖는 분야가 있다면 왜 그 분야에 관해 관심 갖게 되었는지 함께 이야기 나눠보세요.

📕 문해력 활동 후 부모의 생각 한 줄

아이가 재미있어 했던 질문이나 활동 혹은 어려워했던 부분에 대한 생각을 남겨보세요.

좋아하는 일을 찾는다는 것 ②

문해력에 관한 다양한 의견들이 있지만 저는 문해력을 키워야 하는 가장 절대적인 이유는 아이가 자신이 좋아하는 것을 찾게 하기 위해서라고 생각합니다. 취향의 시대입니다. 개성이 강조되는 현대 사회에서 자신이 '좋아하는 것'이 무엇인지 파악하는 것은 중요합니다. 대학에 강의를 가보면 성인이 되었음에도 여전히 자신이 무엇을 좋아하는지 몰라 헤매는 청년들을 자주 만나게 됩니다. 독서와 글쓰기, 다양한 경험 등은 내가 좋아하는 것, 잘하는 것, 끝까지 오래 할 수 있는 것을 스스로 찾는 방법을 알려줍니다. 다양한 책을 읽고, 다양한 사유를 하고 그것을 표현하는 과정 속에서 말이지요. 그게 문해력이고요! 아이들이 자신이 좋아하는 것을 찾는 일에 귀 기울일 수 있도록 도와주세요.

마음이 힘든 것이 가장 큰 어려움입니다

『여섯 개의 점』
글 젠 브라이언트 | 그림 보리스 쿨리코프 | 역자 양진희
함께자람(교학사)
위인전 읽기 # 장애 # 더불어 살기

문해력 포인트   공동체 의식 형성 및 인성 교육

    한 소년이 있습니다. 밝고 명랑했던 소년은 어느 날, 사고로 두 눈을 잃게 됩니다. 소년은 절망했지만 이내 자신이 할 수 있는 것을 찾습니다. 『여섯 개의 점』은 점자를 체계화한 루이 브라유의 자전적 이야기를 담은 책입니다. 짧은 내용이지만 읽고 나면 주인공의 삶에 얼마나 많은 어려움이 있었을까 가슴이 아파옵니다.

    살면서 우리는 극복하기 어려운 수많은 고난을 만나게 됩니다. 때로는 그 고난 앞에서 절망하기도 하고, 세상을 원망하기도 합니다. 그리고 우리는 바랍니다. 제발 우리 아이들에게는 이런 고통과 고난이 비켜가기를 말입니다. 하지만 삶은 언제나 희희낙락하고 아름다운 꽃길만 준비되어 있지는 않습니다. 살다 보면 가슴 시리게 외로운 날들도 있고, 뼈 아프게 힘겨운 날들도 있습니다.

어린아이였을 때는 부모나 선생님의 울타리에 잠시 숨어서 그런 괴롭고 힘든 여정들을 비켜 갈 수도 있습니다. 하지만 그것도 잠시지요. 성인이 되면 매서운 칼바람이 기다렸다는 듯이 몰아칩니다. 부모나 선생님이 해야 할 일은 그 길을 비켜 가는 '편법'을 가르치거나 잘못된 교육관으로 '경쟁'을 부추기는 것이 아닙니다. 인생에서 이런 시련과 고난을 만났을 때 어떻게 극복해야 하는지 그 시간을 어떻게 보내야 하는지를 아이들에게 알려주고, 깨닫게 해주는 것입니다. 그리고 그것이 진정한 '어른'이 되는 성숙한 방법임을 알려주는 것입니다.

어떻게 읽어야 할까?

아이들에게 좋은 위인전을 많이 읽혀주세요

요즘에는 위인전을 읽을 필요가 없다고 이야기하는 분들도 참 많습니다. 그동안 위인전이 지나치게 교훈적인 마무리와 대상 인물에 대한 정확한 고찰이 없이 유명세만으로 만들어졌기 때문입니다. 하지만 분명한 것은 아이들은 책을 통해서 다양한 것들을 배웁니다. 문해력뿐만 아니라 삶의 지혜 습득, 감정의 정리 등 책이 주는 이로움은 이루 말할 수 없습니다. 게다가 한 사람의 생애를 다룬 위인전은 그 사람과 세계관을 이해하는 좋은 토대가 되기도 합니다. 훌륭하고 본보기가 되는 인물의 생애를 다룬 위인전은 분명 읽을 만한 가치가 있는 좋은 콘텐츠입니다. 위인전을 통해 아이들은 좀 더 큰 세계에 대한 더 큰 꿈을 꾸게 되기도 합니다.

위인전 어떻게 읽어야 할까요?

위인전을 고를 때는 유명인보다는 그 사람의 생애에 대해서 많은 역사가나 평론가들의 평가가 이루어진 인물들로 접근해주세요. 유명인의 경우 시대의 흐름에 따라 다른 평가가 내려질 수도 있고, 개인적인 실수를 범할 수도 있습니다. 또 교과서에서 깊이 있게 다루지 못한 인물들을 찾아보세요. 예를 들어 세종대왕과 같은 시대의 인물 중 장영실에 대한 위인전을 읽는 것도 하나의 방법입니다. 지면의 한계상 교과서에서 깊이 있게 다루지 못한 인물들을 읽으면서 한 시대를 여러 관점에서 파악할 수 있는 계기가 되기도 하고, 동시대를 살아가는 인물들의 다른 모습을 엿볼 수도 있기 때문입니다.

그리고 너무 교훈적인 마무리, 권선징악적인 해설이 깃든 위인전은 피해 주세요. 아무리 좋은 평가를 받는 인물이라도 위인전을 직접 쓰는 작가의 입장에서 바라보는 위인은 다르게 해석될 수 있습니다. 한 인물을 과하게 영웅시하거나 무조건적인 추앙, 지나치게 교훈적인 마무리, 권선징악적인 결말을 일삼는 위인전보다는 아이들에게 그 인물에 대해서 깊게 생각할 수 있는 여지를 많이 주는 책으로 골라주면 좋겠습니다.

한 사람의 생애를 따라가는 작업은 그 사람을 온전히 이해하게 되는 일입니다. 인간을 이해하고 사람을 알아가는 위인전 놓치지 말고 아이와 함께 꼭 한번 읽어보세요.

📖 그림책 깊이 읽기

1/ 루이처럼 잠시 눈을 감고 소리로 들리는 것 3가지를 적어봅니다. 그리고 그 느낌을 말해봅니다.

2/ 루이는 호기심이 많고 공부에 대해 열정적이었습니다. 하지만 학교에는 루이가 읽을 수 있는 책이 없었습니다. 이때 루이는 어떤 마음이었을까요?

3/ 읽을 책이 없다는 것을 알게 된 루이는 어떤 생각을 하나요?

📖 세상 쉬운 부모표 문해력 연습

루이의 이야기를 통해 새로 알게 된 사실을 바탕으로 만약 살면서 어려움에 처했을 때 아이는 어떻게 그것을 극복해 나갈 수 있을지 이야기 나눠보세요. 더불어 힘들고 어려운 상황에서도 더 나은 생각을 해낸 루이를 통해서 아이는 무엇을 깨닫게 되었는지도 이야기해보세요.

📖 문해력 활동 후 부모의 생각 한 줄

아이가 재미있어 했던 질문이나 활동 혹은 어려워했던 부분에 대한 생각을 남겨보세요.

문해력 키우는 확실한 Tip

문제해결능력 키우기

위인전은 고난과 역경을 이겨낸 사람들의 이야기입니다. 위인전을 통해 아이들이 삶에서 만날 수 있는 다양한 문제들을 해결할 수 있는 방법을 스스로 익힐 수 있도록 함께 고민하고 생각하는 시간을 마련해보세요.

아무리 좋은 사이라도 적당한 거리가 필요해요

『곰씨의 의자』
글·그림 노인경
문학동네
#의견 표현하기 #건강한 관계 #관념어

문해력 포인트 어려운 관념어 익히기

　한 초등학교에서 교사를 대상으로 초등 문해력 교사 연수를 진행했습니다. 강의 전에 요즘 가장 힘든 부분이 무엇이냐는 저의 질문에 한 선생님께서 어렵게 한마디를 꺼냈습니다. 자기 생각이나 의견을 잘 표현하지 못하는 아이들 때문에 많이 속상하시다는 말을 전하셨습니다.

　요즘 아이들은 자기주장이나 의견을 피력하는데 거침이 없다고 합니다. 정반대로 주변 친구들의 눈치를 보거나 자신의 말에 다른 아이들이 상처받을까 봐 애써 자신의 생각과 감정을 잘 표현하지 못하는 아이들도 꽤 많습니다. 교사 입장에서 학급 아이들 모두를 도와주고 이끌어주고 싶은 마음은 당연한 것입니다. 그런데 이렇게 자기 표현을 잘 못하는 친구들의 경우 구체적으로 어떻게 도와주어야 할지 막막하다며 답답한 심정을 내비쳤습니다.

문해력의 가장 어려운 부분이 이런 면입니다. 우리는 자신의 생각과 마음을 표현하는 데 있어서 주변의 상황이나 타인의 감정을 지나치게 염두에 둡니다. 감정의 주인은 자기 자신임에도 불구하고 말이지요. 그 안에는 불안이 내재되어 있습니다.

'내 말에 상대방이 상처받으면 어떻게 하지?'

'내 말을 상대방이 오해하면 어떻게 하지?'

'내 말로 상대가 날 떠나면 어떻게 하지?'

이런 걱정들로 자신의 감정을 특히 불편한 감정을 꾹꾹 참습니다. 『곰씨의 의자』 주인공 역시 비슷한 심정이었습니다. 곰씨는 이런 상황을 어떻게 극복했는지 한번 살펴볼까요?

그림책을 펼치면 벤치에 앉아 있는 곰씨가 보입니다. 곰씨의 모습을 아이와 자세히 살펴봅니다. 표정이 어떠한지, 분위기가 어떤지 등 그림으로 곰씨의 기분을 추측해보는 거죠. 제 눈에는 시집을 한 손에 들고 있는 모습이 꽤 낭만적으로 보입니다. 이후 토끼가 등장하는 장면에서도 그림 속 동물의 표정을 살피며 각각의 감정 상태가 어떤지 아이에게 물어보며 읽어주세요.

이야기는 햇살이 눈부시고, 시집을 읽기에 좋은 날로 시작됩니다. 낯선 토끼 한 마리가 그에게 다가옵니다. 토끼는 곰씨와 친구가 되고 다른 토끼를 만나 결혼을 합니다. 그 후 새끼까지 낳은 토끼 가족은 곰씨의 벤치에 늘 머뭅니다. 곰씨는 자신만의 시간과 공간이 사라져 괴롭지만 사랑하는 토끼 가족에게 말하지 못합니다. 괴로운 나날이 계속되고, 마침내 곰씨가 토끼 가족에게 혼자 조용히 책을 읽고 명상할 시간이 필요하다는 말을 전합니다. 용기를 내어 말을 전한 곰씨는 너무 피곤해하며 깊은 잠에 빠져들었고, 그후 토끼 가족과 곰씨는 '함께 있는 시간'과 '혼자 있고 싶은 시간'을 적당히 조절하면서 행복하게 살았습니다.

곰씨는 처음 토끼 가족이 서운해 할까봐 차마 자신의 불편한 감정을 이야기하지 못했습니다. 곰씨는 친구인 토끼 가족을 너무 사랑하기에 그들과 함께 있는 시간도 즐겁고 소중합니다. 하지만 혼자 책을 읽고 명상을 하는 조용한 시간도 곰씨에게는 귀중한 시간입니다. 곰씨는 왜 처음에 그 말을 토끼 가족에게 꺼낼 수 없었을까요?

 **어떻게 읽어야 할까?**

함께 해서 즐거울 때도 있지만 혼자여서 즐거울 때도 있단다

살면서 '함께 해서 즐거운 일'도 있지만 '혼자여서 즐거운 일'들도 존재합니다. 이 두 가지가 적절하게 조화를 이루었을 때 삶의 만족도는 매우 높아집니다. 곰씨가 용기를 내어서 말하지 않았다면 토끼 가족은 끝까지 곰씨가 왜 힘든지 알 수 없었을 겁니다.

친구나 가족, 이웃에게 불편한 감정을 토로하는 것은 나쁜 것이 아닙니다. 불편한 감정 역시 표현하면서 서로에 대해 알아가는 것은 매우 중요합니다. 문제는 어떻게 표현하는가에 있습니다. 그리고 지금 나의 감정 상태를 정확하게 알려주어야 관계는 더욱더 오래 잘 유지됩니다.

문해력은 단순히 책을 읽는 것에 그치는 것이 아닙니다. 책을 통해 주인공의 입장이 되어 보고, 그 상황에서 나는 과연 어떤 행동을 할 수 있을 것인지 생각하고 나누는 과정을 통해 자신이 직면할 수 있는 상황을 미리 경험하는 것도 문해력의 일부입니다.

이 그림책을 통해 눈치 없는 토끼 가족의 입장이 되어 보기도 하고, 자신의 감정과 상황을 제대로 잘 전달하지 못해 마음 앓이를 하고 있는 곰씨가 되어보기도 하면서 아이들이 자신의 감정을 솔직하게 표현하고, 타인의 감정을 제대로 읽을 수 있는 태도와 자세를 익혀 나가게 하는 것이 무엇보다 중요합니다.

📖 그림책 깊이 읽기

1/ '친절한' 곰씨에게는 의자가 하나 있습니다. 이곳에서 곰씨는 '마음이 평화'로워지는 것을 느낍니다. 여러분에게도 '곰씨의 의자' 같은 공간이 있나요? 없다면 내가 꿈꾸는 그런 '공간'은

어떤 곳인지 자유롭게 이야기해보세요.

2/ 곰씨 앞에 어느 날 '낯선 토끼'가 지나갑니다. 토끼는 커다란 배낭을 메고 세계를 여행하는 탐험가라고 말합니다. '몹시 지쳐 보이'는 토끼에게 곰씨는 자신의 의자를 내어주면서 '잠시 쉬었다' 가라고 이야기합니다. 여러분은 토끼와 곰이 만나는 이 장면을 어떻게 보았나요?

3/ 탐험가 토끼와 곰씨 앞에 어느 날 '동네에서 쫓겨난 무용가 토끼'가 나타납니다. 탐험가 토끼는 무용가 토끼에게 다가가 '다정하게 위로'해주었고, 두 토끼는 결혼을 하고, 숲속에 보금자리를 마련했습니다. 이윽고 아이들이 태어나 그들은 매일 곰씨의 의자에 찾아왔습니다. 토끼들은 모두 즐거워 보였지만 곰씨는 즐겁지 않았습니다. 여러분은 이 장면을 어떻게 보았나요?

4/ 곰씨는 토끼들에게 '무언가를 말해야 할 때'라고 느꼈습니다. 하지만 말을 꺼내지 못했습니다. 그런 곰씨는 자신의 의자에 '아무도 앉지 못하게' 여러 가지 행동을 했습니다. 여러분은 곰씨의 '행동'에 대해 어떻게 생각하나요?

5/ 다양한 방법을 시도해도 실패한 곰씨는 어느 날 '비를 맞아 부들부들 떨다가 쓰러'졌습니다. 며칠 뒤 곰씨는 '토끼들 앞에서 그동안 말하지 못했던 속마음'을 전했습니다. 이야기를 마친 곰씨는 '무척이나 피곤했는지' 깊은 잠에 빠지는데요. 여러분은 이 장면을 어떻게 보았나요?

6/ 만약 여러분이 곰씨였다면 어떻게 했을까요? 주변에 '토끼 가족'같은 사람이 있다면 여러분은 과연 어떻게 할까요?

📖 세상 쉬운 부모표 문해력 연습

1/ 곰씨의 표정에 어떤 변화가 있었나요? 책의 처음부터 끝까지 곰씨의 표정의 변화를 통해 살펴보세요.

2/ 곰씨는 자신에게 어떤 '문제'가 발생했을 때 참고 참다가 결국 폭발하고 말았습니다. 아이와 함께 불편한 감정이 생기거나 다른 사람과 문제가 생기면 아이는 어떻게 행동하는지 함께 이야기 나눠봅니다.

3/ 결국 참다 못한 곰씨는 괴로워하며 '난 세상에 다시 없는 친절한 곰'이라고 말합니다. 곰은 '친절한 곰'일까요? 아이와 함께

서로가 생각하는 '친절'에 대해서 이야기 나눠보세요.

문해력 활동 후 부모의 생각 한 줄

아이가 재미있어 했던 질문이나 활동 혹은 어려워했던 부분에 대한 생각을 남겨보세요.

 문해력 키우는 확실한 Tip — 관념어 익히기

책을 잘 읽고 이해한다는 것은 눈에 보이지 않는 다양한 관념들에 대해서 이해한다는 뜻이기도 합니다. 아이와 함께 평소 관념어 놀이를 자주 해보세요. 예를 들어 '사랑이란 무엇일까', '예절이란 무엇일까', '우정이란 무엇일까', '친절이란 무엇일까' 등 눈에 보이지 않는 관념어에 대해 자주 이야기하면서 아이가 스스로 그 단어를 머릿속에서 체계화할 수 있도록 도와주세요. 이때 구체적인 예시를 들면서 설명해 주시면 좋습니다.

아이의 문해력은
부모와의 소통으로 완성됩니다

 육아를 시작한 지 어언 18년이 되었습니다. 임신을 하고 아이를 낳은 그 순간부터 도대체 끝이 보이지 않았던 육아가 이제는 슬슬 끝날 기미가 보입니다. 낯설기만 했던 '엄마'라는 단어 앞에 울기도 참 많이 울었고 웃기도 참 많이 웃었습니다. 뒤돌아 생각하면 14번의 어린이날, 18번의 생일 그리고 아이와 함께 읽었던 만여 권의 책이 가장 기억에 남습니다.

 가끔은 이런 생각을 합니다.
 '나 아닌 다른 사람을 이토록 무조건 사랑할 수 있을까?'
 때로는 내 맘 같지 않은 아이로 인해 마음에 큰 상처를 입기도 했지만 그 모든 것을 일순간에 녹게 하는 것 역시 아이가 보여주었던 무조건적인 사랑이었습니다. 누군가 그러더군요. 100번 울게 하다가도 1번 웃게 하는 것이 자식이고, 부모는 그 한 번의 웃음 때문에 또 아이를 키운다고요.

누군가를 온 마음으로 이해한다는 것이 어렵고 힘들다는 것을 매일 밤 생각합니다. '엄마'라는 이름으로 살아오면서 단 한 번도, 단 하루도 아이에 대한 생각을 놓친 적이 없습니다. 저뿐만 아니라 부모라는 이름으로 살아가는 모든 분들은 아마 한 마음일 겁니다.

아이가 태어나고 다른 것은 몰라도 책을 좋아하는 아이로 키우고 싶었습니다. 이유는 단 한 가지였습니다. 저 역시 살면서 해결하기 어려운 인생의 문제들을 만날 때면 책을 통해서 그 문제들의 답을 구하기 때문입니다. 마치 어디가 아프면 병원을 찾듯, 어떤 문제에 봉착하면 먼저 서점을 찾고, 도서관의 서가를 누빕니다. 찬찬히 책을 읽어가면서 문제에 대한 나름의 답을 찾아갑니다. 아이도 책을 통해 인생의 고비들을 잘 넘겼으면 했습니다. 물론 책 외에도 다른 방법들도 많이 있겠지요. 지혜롭고 명석한 사람을 곁에 둘 수도 있습니다. 어쩌면 우리 아이들이 성인이 되었을 때는 최첨단 고민상담 AI가 등장할지도 모르겠습니다. 하지만 그 어떤 것보다 책만큼 믿음

직스럽고 변함없는 조언자나 친구는 결코 없습니다.

이제 몇 달 후면 아이는 성인이 됩니다. 성인이 되면 더 이상 저는 '육아'라는 단어를 쓰지 않게 되겠지요. 긴 육아를 마감하며 『세상 쉬운 그림책 문해력 수업』을 쓰게 되어 개인적으로 참 의미 있는 시간이었습니다. 책을 쓰면서 저 역시 아이와의 관계와 지금의 상황에 대해서 더 많이 알게 되었고, 새로운 그림책을 접하면서 다시 한번 그 답을 찾기도 했습니다.

아이의 문해력은 책뿐만 아니라 부모와의 다양한 소통 및 자극을 통해 완성됩니다. 아이가 세상에서 가장 먼저 만나게 되는 언어이자 가장 오래 접하는 언어가 부모의 언어이기 때문입니다.

문해력은 비단 책을 많이 읽는 것만으로 이루어지지 않습니다. 글을 잘 이해하고 해석하는 능력은 다양한 경험이 함께 이루어져야 더욱더 빛을 발합니다. 그리고 책은 누군가와 함께 읽었을 때 더 오래 기억되고 내 삶을 관통하게 됩니다.

어느덧 아이는 더 이상 제가 책을 읽어주지 않아도 세상을 스스로 알 수 있는 나이가 되었습니다.

앞으로 아이는 더 큰 세상으로 계속 나아갈 것입니다. 그 과정에서 즐거운 일도 많겠지만, 때로는 아프고 힘들고, 괴로운 일도 만날 것입니다. 또 예기치 못한 일들도 수없이 직면하게 될 것입니다. 그때마다 아이가 책을 찾고, 그 안에서 좋은 영감과 부지런한 지혜에 도움을 얻어 그 문제들을 하나하나 잘 해결했으면 합니다. 더불어 저와 함께 책을 읽던 그 순간이 그 힘든 인생의 여정을 잘 극복하고 해결해 나가는데 작은 힘이 되었으면 합니다.

그럼에도 불구하고 해결되지 않는 일들이 생긴다면 그때 엄마, 아빠를 떠올려주었으면 좋겠습니다.

이 땅에서 부모라는 이름으로 살고 있는 모든 이들에게 존경과 감사의 마음을 전합니다.

모두들 정말 잘하고 계십니다.

2022년 겨울
작가, 문해력 연구가 이윤영

세상 쉬운 그림책 문해력 수업

초판 1쇄 발행 2022년 11월 30일

지은이 이윤영

펴낸이 김남전
편집장 유다형 | 편집 이경은 | 외주 편집 이선일 | 디자인 양란희
마케팅 정상원 한웅 정용민 김건우 | 경영관리 임종열 김다운

펴낸곳 ㈜가나문화콘텐츠 | 출판 등록 2002년 2월 15일 제10-2308호
주소 경기도 고양시 덕양구 호원길 3-2
전화 02-717-5494(편집부) 02-332-7755(관리부) | 팩스 02-324-9944
포스트 post.naver.com/ganapub1 | 페이스북 facebook.com/ganapub1
인스타그램 instagram.com/ganapub1

ISBN 979-11-6809-067-5 (03370)

※ 책값은 뒤표지에 표시되어 있습니다.
※ 이 책의 내용을 재사용하려면 반드시 저작권자와 ㈜가나문화콘텐츠의 동의를 얻어야 합니다.
※ 잘못된 책은 구입하신 서점에서 바꾸어 드립니다.
※ '가나출판사'는 ㈜가나문화콘텐츠의 출판 브랜드입니다.

> 가나출판사는 당신의 소중한 투고 원고를 기다립니다. 책 출간에 대한 기획이나 원고가 있으신 분은 이메일 ganapub@naver.com으로 보내주세요.